MW01146871

THREATENED
WITH RESURRECTION

Amenazado de Resurrección

Prayers and Poems from an Exiled Guatemalan

Julia Esquivel
desde el exilio

The Brethren Press
Elgin, Illinois

THREATENED WITH RESURRECTION
Copyright© 1982 by The Brethren Press, Elgin, Illinois 60120
Printed in the United States of America

Cover by Ken Stanley
Illustrations by a Guatemalan exile

Translators: Maria Elena Acevedo, René Calderón, Maria Elena
Caracheo, Sister Caridad Inda, Philip Wheaton

Grateful acknowledgment is given to Departamento Ecuménico de
Investigaciones, San Jose, Costa Rica, for Permission to
reprint eight poems originally published in Spanish in "El
Padre Nuestro Desde Guatemala y otros poemas," 1981.

Library of Congress Cataloging in Publication Data

Esquivel, Julia, 1930—
        Threatened with resurrection.

        English and Spanish.
        Originally published as: El padrenuestro desde Guatemala y
otros poemas.
        I. Title. II. Title: Amenazade de resurreccion.
PQ7499.2.E68P313   1982   861   82-12899
ISBN 0-87178-844-6

Prefacio

Esta confesión de agonía y esperanza, de dolor y de lucha desde la fe cristiana, es una ofrenda pequeña al pueblo de Guatemala que se enfrenta al actual régimen militar.

Intenta expresar el profundo anhelo de que muy pronto la lucha de nuestro pueblo logre la victoria y con ella su participación plena en la construcción de su propia historia.

Recogemos acá la oración de muchos cristianos, para que el sacrificio de nuestros héroes y mártires alimente y haga indestructible nuestra unidad.

Preface

This confession of agony and hope, of pain and struggle out of the Christian faith, is a small offering to the Guatemalan people who are facing the present military regime.

This book is intended to express a profound desire that our people will soon win the struggle and attain the victory that will enable us to begin writing our own history.

We gather together the prayers of many Christians, in order that the sacrifice of many of our heroes and martyrs contributes toward and guarantees our unity.

Contenido

Contents

Prólogo

Julia Esquivel escribe de su experiencia personal de agonía y muerte. Ella ha visto, oido y sentido el sufrimiento de su pueblo, y éste ha llegado a ser su propio sufrimiento. Ella conoce la tortura y el dolor, la sangre y las lagrimas, y la obscuridad de la noche en Getsemaní.

Julia también escribe de su profunda experiencia personal con Cristo Jesus. Ella le conoce a El que fue mal entendido, a El que tuvo un amor tan grande por los oprimidos y cuyas enseñanzas son tan radicales que lo llevaron a ser colgado de una cruz, en la cuál sufrió y murió por todos nosotros.

Su agonía y fé están juntas en estas punzantes impresiones de dolor, de conocimiento político, de justicia y de verdad, y de fé y de esperanza que continúa en El que persiste con amor, en El que núnca descanzará hasta que la transformación haya ocurrido y la justicia reine en toda la tierra.

Nosotros le queremos a Julia Esquivel como a una hermosa hermana en la fé. Su dedicación por Guatemala y por la causa de la justicia no tienen paralelo. Nosotros afirmamos su análisis doloroso de que el poder de los Estados Unidos es la mayor causa del sufrimiento en América Latina. Oramos para que éstas confesiones personales de angustia y fé traigan nuevo entendimiento y dedicación a la causa de la gente oprimida en Centro América. Todos nosotros somos miembros de la familia humana, por lo tanto, su lucha en contra de la maldad o la injusticia es nuestra lucha. Al conocer a Julia Esquivel a través de éstos poemas convierte la causa de Centro America en nuestra causa.

Que nuestra respuesta sea tan valiente como la de ella.

Ruby y Benton Rhoades

Foreword

Julia Esquivel writes out of personal experience with agony and death. She has seen, heard and felt the suffering of her people — and it has become her suffering. She knows the torture and pain, the blood and tears, the darkness of Gethsemane's night.

Julia also writes out of deep personal experience with Jesus Christ. She knows the One who was misunderstood, whose love for the oppressed was so great and whose teachings on justice so radical that he was hung on a crude cross, suffered and died for us all.

Her agony and faith come together in these poignant expressions of pain, of political awareness, of justice and truth, and of abiding faith and hope in the One who persists in love, who will never rest until transformation has come and justice reigns on the earth.

We love Julia Esquivel as a precious sister in the faith. Her commitment to Guatemala and the cause of justice is without question. We affirm her painful analysis that US power is a major cause of Latin America suffering. It is our prayer that these very personal confessions of anguish and faith will bring new understanding of and commitment to the cause of oppressed Central America people. We are all members of the human family, so their struggle against evil and injustice is our struggle. Meeting Julia Esquivel through these poems makes the cause of Central America our cause. May our response be as courageous as hers.

Ruby and Benton Rhoades

Introducción

Los Norte Americanos apenas comienzan a aprender la geografia de America Central. Algunos nombres como El Salvador, Nicarágua, Honduras y Guatemala ahora son visibles en los periodicos de Estados Unidos. Los Norte Americanos empiezan vagamente a darse cuenta que hay un problema "por alla". Todos los días hay gente muriendo sin que sea todavía su hora de morir. Los masacres se han vuelto una realidad diaria.

Pero nuestra prensa nos da muy poca información para comprender el problema completo. Como empezo y que esta causando esta situación crónica de pobreza, opresion y asesinatos en masa? Los Norte Americanos saben muy poco de lo que hicieron para crear esta situación. Esta es una historia de intervención contínua, colonización economica y subsidio de dictaduras brutales para mantener ésta area bajo el control de los Estados Unidos. Estos paises han sido siempre desdeñosamente llamados "las republicas de los platanos". Que poco sentido hemos tenido de la miseria y la sangre derramada que ha causado la producción de esos platanos que aparecen tan convenientemente en nuestros supermercados en todas las epocas del año. Estas tierras, tan ricas en producción, clima y recursos naturales, por la misma razon estan tan empobrecidas por la explotación.

Los poemas de Julia Esquivel nos traen a nuestra experiencia las lagrimas, la sangre derramada y la agonía de Guatemala. Nos dan el destello de una tierra donde los nombres de los lugares de las masacres se nos escapan de la memoria, como la genealogia de parientes cercanos y amigos. La tierra de Esquivel está habitada por imagenes — los ojos lastimosos de niños huerfanos; el indio viejo que muere por siglos, aferrado a la misma tierra de sus antepasados y a la vez renacido como el cacto terco en la tierra

Introduction

North Americans are just beginning to learn the geography of Central America. Names such as El Salvador, Nicaragua, Honduras and Guatemala are now visible in the US press. North Americans vaguely begin to become aware that there is a problem "down there." People there are dying untimely deaths all the time. Massacre has become a daily reality.

But our press gives us few handles for understanding the fuller story. How did this situation of chronic poverty, oppression and mass murder come about? North Americans know little of their own history in creating this situation. This is a history of continual intervention, economic colonization and subsidizing of brutal dictatorships in order to keep this area under US control. "Banana republics" these countries were contemptuously called. How little sense we have had of the misery and spilled blood that has gone into the production of those bananas that flow so readily into our supermarkets at all seasons of the year! These lands, so rich in soil, climate and natural resources, are for that very reason so impoverished through exploitation.

The poetry of Julia Esquivel brings the tears, the spilled blood, the agony of Guatemala into our experience. We gain a glimpse of a land where the names of places of massacre flow from one's memory like the genealogy of close relatives and friends. Esquivel's land is one that is haunted by images — the pitiful eyes of orphaned children; the old Indian dying for centuries, ground into the very soil of his ancestors, yet ever reborn like the stubborn cactus from the dry ground; the anemic girl whose belly swells with the child of a brutal soldier who raped her before the dead bodies of her parents. These pictures haunt Julia Esquivel's thoughts. She wishes to burn these images into our minds as well, so that we will know

9

seca; la niña anémica cuyo estomago empieza a hincharse por el bebe que porta del brutal soldado que la violó delante de los cadaveres de sus padres. Estas imagenes rondan los pensamientos de Julia Esquivel. Ella desea gravar estas imagenes en nuestras mentes, para que nos demos cuenta que no podremos olvidarlas.

Pero, mas que el dolor, mas que las muertes, el mensaje de Julia Esquivel es un mensaje de vida y esperanza. Su esperanza por la vida es tan indomable, tan improbable en la face del reino del mal que solamente se le puede llamar la esperanza de la resurreción. La esperanza de Julia Esquivel esta basada en la muerte y resurección de Cristo. Es la esperanza Cristiana la que le permite leer la historia de su pueblo como muerte ya embarazada con victoria. La cruz de la agonía esta ya bañada con el resplandor de la naciente promesa de la Pascua de Resurección.

Para Esquivel no hay separación entre fe y conciencia social. Ella no ha tenido que meterse en explicaciones complicadas para descubrir la "relevancia social de Evangelio".

Las coneciones son directas e inmediatas. "Estuve ambriento; tuve sed; estuve en prisión; fui torturado; fui asesinado, y tu me ignoraste". O, "Estuve ambriento, sediento, en prisión, torturado, asesinado, y tu me socorriste." "Cuando te hemos visto a ti Señor?". "Cuando yo fui el niño hambriento de Guatemala; el trabajador social en prisión; el sacerdote torturado y asesinado atrozmente". Aqui, concretamente, en los sufrimientos y muerte de su gente esta Jesus. Jesus muere mil veces en las muertes de los indios humildes y sus amigos.

Quiza para nosotros los Norte Americanos, mas que el desconcierto de las historias de sufrimiento sera el punto de vista de Julia Esquivel en cuanto al gran imperio del norte. Como ve ella a los Estados Unidos? la tierra del libre y la casa del bravo? Por las experiencias de los Guatemaltecos, la gente del tercer mundo, la face que nosotros vemos es muy diferente que la que nuestro pais muestra a otros, la cual raramente hemos aprendido a reconocer como la nuestra. Para Julia Esquivel, nosotros somos la bestia del apocalipsis, la gran babilonia de cuyas manos escurre la sangre de los martires; cuya señal marca las frentes y manos de aquellos quienes se inclinan a su servicio, porque éste es servilismo al capitalismo, militarismo y colonialismo nuevo. Esquivel ve ya los signos de su quemazón que se levantan de la gran ciudad. El angel la condujo a ella por las alturas y desde los edificios mas altos le

and not be able to forget.

But, more than the pain, more than the deaths, the message of Julia Esquivel is one of life and hope. Hers is a hope for life so indominable, so improbable in the face of the reign of evil, that one can only name it resurrection hope. Julia Esquivel's hope is based upon the death and resurrection of Christ. It is Christian faith that enables her to read the story of her people as death already pregnant with victory. The cross of agony is already bathed in the ruddy glow of the dawning promise of Easter.

For Esquivel, there is no split between faith and social consciousness. She does not have to engage in complicated exegesis to discover the "social relevance of the gospel." The connections are direct and immediate. "I was hungry; I was thirsty; I was in prison; I was tortured; I was murdered, and you ignored me." Or, "I was hungry, thirsty, in prison, tortured, murdered, and you ministered to me." "When did we see you thus, Lord?" "When I was the hungry Guatemalan child; the imprisoned social worker; the tortured and massacred priest." Here, concretely, in the sufferings and deaths of her people, is Jesus. Jesus dies a thousand times in the deaths of peasants and Indians and their friends.

Perhaps, more disconcerting even than the tale of suffering, for us North Americans, will be Esquivel's view of the great empire to the North. How does she see the United States, the land of the free and the home of the brave? From the experience of the Guatemalan, indeed the Third World, peoples, we see a very different face which our country shows to others, but which we seldom are taught to recognize as our own. For Julia Esquivel, we are the apocalyptic Beast, that great Babylon whose hands drip with the blood of martyrs, whose mark marks the foreheads and hands of those who bow down in her service, for this is servitude to capitalism, militarism, neo-colonialism. Already Esquivel sees the signs of her burning rising from that great city. The angel carried her to great heights and from the towering high rise buildings shows her the bowels of divine wrath that are about to be poured out upon her. The puppet tyrants and corporation merchants stand afar off and weep and mourn when they see the smoke of her burning. But the elect people, those who would be in the community of Christ, are called to come out from this city of Babylon, and to identify with the poor and the suffering.

Which side are we on? Where will we stand in the light of that

mostro los cazos de colera que estan por ser derramados sobre la bestia. Vio los titeres tiranos y mercaderes de las corporaciones quienes sollozan y lloran cuando ven el humo de la bestia quemandose. Pero la gente elegida, aquellos que estaran en la comunidad de Cristo, son llamados a que salgan de la ciudad de Babilonia y son identificados con los pobres y los desamparados.

De que lado estamos nosotros? En donde estaremos a la hora del juicio final, cuando el trigo y la cizaña sean separados, y cuando seamos llamados a dar cuentas de nuestra administracion? Esta es sin duda la pregunta final que la poesia de Julia Esquivel nos hace como Norte Americanos. Ella desea, no solamente denunciarnos, sino convertirnos, forzarnos a oir la verdad. Ella cree, apasionadamente, que nosotros tambien podemos oir la palabra de Dios porque lo que es imposible para los hombres (o mujeres) es posible para Dios.

Rosemary Radford Ruether

ultimate judgment, when the wheat and the tares are separated, and we are called to give an account of our stewardship? This is indeed the final question that the poetry of Julia Esquivel poses for us, as North Americans. She wishes, not just to denounce us, but to convert us, to force us to hear the truth. She believes, passionately, that we too can hear God's word, for what is impossible with men (or women) is possible with God.

Rosemary Radford Ruether

Padre Nuestro
Desde Guatemala

Padre Nuestro,
Padre de los 119 campesinos asesinados en Panzós,
de sus viudas, de sus huérfanos,
Padre de aquellos 35 campesinos secuestrados
por los paracaidistas en Ixcán el 7 de julio de 1975,
de sus viudas y de sus huérfanos,
Padre de los 25 campesinos de Olopa, en Chiquimula,
que fueron ametrallados por los guardianes del "orden",
cuyos cadaveres fueron comidos por los perros y los zopilotes,
de sus viudas y de sus huérfanos,
Padre de los niños inocentes del Rodeo, Amatillo, Agua Blanca,
y otras comunidades, sacrificados
para lograr que sus familias huyeran
y asi desalojarlos de su tierra
para meter ganado y poder así exportar carne al Mundo "Desar-
rollado",
Padre de la Rosa C . . . que se quedó sola con seis niños,
después que el ejército secuestró a su marido,
a su hijo de 21 años y después al de 19
porque averiguaban en donde estaba su papá . . .
Padre de las mujeres de San Juan Cotzal, Chajul, Nebaj, Uspantán,
que se han quedado solas,
Padre de todos los torturados, de todos los angustiados,
de los que se andan escondiendo en las cuevas,
en el monte, en la selva
y que ya no pueden volver a ver a sus mujeres,
ni a sus hijos por causa de la represión y del terror militar . . .
Padre de todos los trabajadores del Ingenio Aztra en el Ecuador,
que fueron lanzados por los policias al horno ardiente

14

The Lord's Prayer
from Guatemala

Our Father,
Father of the 119 campesinos[1] massacred in Panzós,[2]
of their widows, of their orphans,
Father of those 35 campesinos abducted
by the paratroopers in Ixcán[3] on July 7, 1975,
of their widows and orphans,
Father of the 25 campesinos of Olopa, in Chiquimula,[4]
who were gunned down by the keepers of "order"
whose corpses were eaten by dogs and buzzards,
of their widows and orphans,
Father of the innocent children of Rodeo, Amatillo, Agua Blanca,[5]
and other communities, sacrificed
to frighten their families into fleeing
and in this way force them off their land,
used then for grazing beef cattle so as to export meat to the
"Developed" World,
Father of Rosa C . . . who was left alone with six children,
after the army abducted her husband,
her 21-year-old son and then her 19-year-old son
because they inquired where their father was . . .
Father of the women of San Juan Cotzal, Chajul, Nebaj, Uspantán,[6]
whose husbands are no more,
Father of all who have been tortured, of all who are tormented, of
those who hide in the caves,
in the hills, in the jungle,
and can no longer see their wives,
nor their children, because of military repression and terror,
Father of all the workers of the Aztra Sugarmill in Ecuador
who were thrown by police into the blazing furnace

por el delito de pedir condiciones humanas de trabajo,
de los desaparecidos, de los encarcelados, de los exiliados
en el Uruguay, en Chile, en El Salvador, en Bolivia, en Paraguay . . .

Padre Nuestro que estás entre los millones de gente hambrienta
de los pueblos del Tercer Mundo.
Padre Nuestro que estás en la vida
de todos los hombres que buscan justicia
porque aman a sus hermanos y que te sirven,
sirviendo y luchando
con los que no tienen techo, comida, ropa y medicinas.

Padre Nuestro que estás aquí en la tierra,
y cuyo nombre es tomado en vano
por pastores indignos que guardan silencio
y colaboran gustosos con aquellos
que fabrican políticas de "derechos humanos"
para continuar destruyendo Tu Imagen
en el hombre empobrecido, explotado y perseguido
por ellos mismos en aras del Dios Capital . . .
Padre Nuestro, tu nombre es tomado en vano
cuando te conciben como a un dios chiquito
y por eso inventan leyes de Seguridad Nacional,
seguridad que los pobres, las aves del cielo
y los lirios del campo no conocen.
Leyes que dan poder a los tiranos como Pinochet, Videla,
Bordaberry, Stroessner, y otros . . .

Cuando andan diciendo que eres un diocesito "anticomunista"
que necesitas aviones y tanques para aplastar a los pueblos
que quieren forjar su propia historia
porque en el fondo anhelan que venga tu reino,
Cuando siguen los pasos del Faraón
y esterilizan a millones de mujeres,
proclamando un mundo más cómodo para el hombre del futuro.
Cuando se proponen sofacar el hambre de Justicia
dándonos regalos de lo que sobra en otros mundos . . .

Tu Nombre es santificado,
en todos los que defienden la vida del pobre

16

for the crime of requesting humane working conditions,
Father of the disappeared, of those jailed and exiled
in Uruguay, in Chile, in El Salvador, in Bolivia, in Paraguay,

Our Father, you are among the millions of hungry people
of the nations of the Third World.
Our Father you are in the life
of all who seek justice
because they love their brothers, and serve You,
supporting and struggling
with those who have no roof, or food, or clothes, or medicine.

Our Father, you who are here on earth,
whose name is taken in vain,
by unworthy pastors who remain silent
and gladly collaborate with those
who create "human rights" policies
to continue destroying Your image,
in those men and women they impoverish, exploit, and persecute
in the name of the God of Capital . . .

Our Father, your name is taken in vain
when they make you out to be a little god
and therefore invent National Security Laws,
a security which the poor, the birds in the sky
and the lilies of the field do not know.
Laws which give power to tyrants like Pinochet, Videla,
Bordaberry, Stroessner, and others.[7]

Your name is taken in vain,
when they go around saying you are a little "anticommunist" god
who needs planes and tanks to crush the people
who are trying to forge their own history.
Deep down they want your Kingdom to come.
It is taken in vain when they follow in the steps of the Pharoah[8]
by sterilizing millions of women,
and proclaiming a more comfortable world for future man.
And it is taken in vain,
when they plan to smother our hunger for Justice

por encima del dinero, del café, del algodón, de la caña de azúcar,
de los partidos politicos, de las leyes
y de los intereses de las Compañias Transnacionales . . .

En los probres y humildes
que todaviía tienen fe y esperanza en Ti
y por eso se organizan y luchan
para que se respete su dignidad.

En todos aquellos que trabajan dia y noche
por sacar a sus hermanos del analfabetismo,
la enfermedad, la explotación y la persecución . . .

En las muertes de tus santos,
Rutilio Grande, Hermógenes López,
Mario Mujía, Mario López Larrave,
y de los miles de hijos tuyos
que por amor a sus hermanos
y respeto a la vida de tus pobres,
fueron torturados y asesinados
como hicieron con Tu Hijo,
Nuestro Hermano, Jesucristo.

Que venga Tu Reino,
Tu Reino que es Libertad y Amor,
Que es Fraternidad y Justicia,
que es Derecho y Vida,
que es Verdad y no mentira.

Tu Reino que acaba
todo lo que destruye la Vida en el mundo,
Tu Reino que quema
todo aquello que hace que los hombres
vivan como animales.

Tu Reino que no hace transacciones
con los intereses de quienes hacen trabajar
como bestias a los pobres,
ni con quienes instituyen la violencia
en la estructura jurídica,

with presents from the surplus of the developed world.

Hallowed be your name,
in all those who defend the lives of the poor
above money, and coffee, and cotton, and sugar cane,
above political parties, and the laws
and interests of Transnational Corporations.

Hallowed in the poor and humble
who still have faith and hope in you
and therefore organize themselves and struggle
so that their dignity be respected.

Hallowed in all those who work day and night
to free their brothers from illiteracy,
sickness, exploitation, and persecution.

Hallowed in the deaths of your saints,
Rutilio Grande, Hermógenes López,[9]
Mario Mujía, Mario López Larrave,[10]
and in the thousands of your children
who for the love of their brothers and sisters
and respect for the life of your poor,
were tortured and murdered
as was your Son,
Our Brother, Jesus Christ.

Let your Kingdom come,
your Kingdom which is Freedom and Love,
which is Brotherhood and Justice,
which is Righteousness and Life,
which is Truth and not lies.

Your Kingdom which abolishes
all that destroys Life in the world,
your Kingdom which eradicates
within humans all that makes them
live like animals.

Your Kingdom which does not make deals

en la estructura judicial
en la estructura educativa,
en la estructura económica,
aprobadas ahora por hombres
que se dicen cristianos.

Tu Reino, que acaba con aquello que hace que el hombre
se convierta en máquina y su vida en mercancia.

Tu Reino, que acaba con todo aquello que hace que el hombre
se convierta en esclavo de sí mismo y de los otros.

Sí Señor, que venga tu Reino,
porque cuando tu Reino viene:

Salimos de nuestro egoísmo
y buscamos para los demás,
lo que queremos para nosotros mismos,

el pueblo une sus esfuerzos
y se van encontrando caminos de esperanza,

hay tierra para todos los campesinos
y no sólo para unos pocos finqueros,
hay educación para todos los marginados,

las leyes no impiden sutilmente la realización plena del pobre
y de sus organizaciones,
sino la facilitan y apoyan.

La tierra es cultivada para producir alimentos para el pueblo
y no sólo para productos de exportación
para enriquecer más a los que ya tienen demasiado
y seguir empobreciendo a los que no tienen nada,

las fuentes de producción son propiedad del pueblo
y para beneficio de la mayoria,
las iglesias abandonan las estructuras de poder y de dominio
y se convierten en fuente de vida y de servicio
para todos los hombres.

with the interests of those who force
the poor to work like beasts,
nor with those who institute violence
in the juridical structure,
and the judicial system,
in the educational structure,
in the economic system,
now approved by those
who call themselves Christians.

Your Kingdom which abolishes all that which
turns people into machines and changes their lives into merchandise.

Your Kingdom, which abolishes all that which makes people
become their own slaves and the slaves of others.

Yes, Lord, let your Kingdom come
for when your Kingdom comes:

We will set aside our egotism
and seek for others what we want for ourselves,

the people will unite their efforts
and discover new paths of hope,

there will be land for all campesinos
and not only for a few large landowners,
and education for all those who are marginalized,

laws will not subtly impede the full self-realization of the poor
and their institutions,
but instead help and support them.

The land will be cultivated to produce food for the people
and not only to grow export products
in order to enrich those who already have too much
and continue impoverishing those who have nothing,

the means of production will belong to the people
and exist for the benefit of the majority,

Que se haga tu voluntad

y no la de aquellos que quieren arrebatarte tu puesto
y usurpan tu lugar para dominar, explotar, destruir, masacrar
y acumular capital esclavizando a los pueblos,

y no la de aquellos que fabrican economías Trilaterales
a costa de la vida, del aire, del agua
y de los recursos vitales del Tercer Mundo.

Que se haga tu voluntad, Señor
que es quebrantar todo yugo que oprime al hombre,
tu voluntad que es Proclamación del Evangelio a los pobres,
consuelo de los afligidos,
libertad a los presos y fuerza a los torturados,
liberación y vida a los que padecen violencia.

Danos hoy nuestro pan de cada día:

el pan de una verdadera libertad de prensa,
el pan de libertad de asociación y organización,
el pan de poder estar en la casa y en la calle
sin que nos secuestren,
el pan de no tener que estar buscando en dónde escondernos,
el pan de poder salir a la calle
sin ver ametralladoras y pelotones modelo,
el pan de la igualdad,
el pan de la alegria,
y que el pan de la Dignidad Humana
no nos sea arrebatado por los coyotes
entre los que caminamos como ovejas al matadero.

Que el pan de tu palabra y el pan de la educación
llegue a nuestros ranchos de caña y paja,
a nuestras casas de cartón,
al morral del bastimento mientras vamos por el camino.

El *pan* de los tiulos de tierra a todos los campesinos,
el *pan* de la vivienda
a todos los asentamientos humanos de la capital,

churches will abandon their structures of power and domination
and become instead a source of life and service
for all humankind.

Let your will be done

and not the will of those who wish to take your position
and usurp your place in order to dominate, exploit, destroy, massacre
and accumulate capital by enslaving entire nations,

and not the will of those who create trilaterial economic systems[11]
at the expense of life, air, water,
and the vital resources of the Third World.

Let your will be done, Lord,
which means removing all yokes that oppress humanity,
your will which is a Proclamation of the Good News to the poor,
comfort for those who grieve,
freedom for prisoners and strength for the tortured,
liberation and life for those who suffer violence.

Give us this day our daily bread:

the bread of true freedom of the press,
the bread of the freedom to associate and organize,
the bread of being able to be at home and walk the streets
without being abducted,
the bread of not having to search for a place in which to hide,
the bread of going into the streets
without seeing machine guns or[12]
the bread of equality,
the bread of happiness;
let not the bread of Human Dignity
be snatched from us by the coyotes[13]
among whom we walk as lambs to the slaughter.

Let the bread of *your word* and the *bread* of education
come into our huts made of cane stalks and straw,
into our cardboard shacks, and let us carry them
in our knapsacks as we travel through life.

el *pan* de la leche a todos tos niños menores de dos años
que padecen desnutrición y hambre,
el *pan* de la asistencia médica
a los que están en el campo,
el *pan* de la tierra
a los miles de campesinos arrendantes
que viven bajo el yugo de los intereses
y caprichos del patrón
en las fincas de Chimaltenango, todo el altiplano,
la costa y ahora también en la *Faja transversal* del Norte
invadida por las transnacionales y los generales . . .

y perdónanos Señor,
por no saber compartir el pan
que *Tú* nos has dado,
así como nosotros perdonamos
a los que nos han arrebatado lo *tuyo*
que es *nuestro.*
Perdónanos por apartarnos de nuestros hermanos,
perdónanos Señor, por la falta de fe y de valor
que nos impiden entregarnos como hostias vivas
para hacer *tu voluntad,*
que es tomar de lo tuyo,
para compartirlo entre todos ahora mismo.
Perdónanos cuando por miedo,
guardamos silencio
y no decimos lo que *Tú* quieres que digamos.
Perdona y destruye
los reinos pequeñitos y forcejeos inútiles
entre nosotros mismos
que retardan y obstaculizan la marcha victoriosa
hacia la Nueva Alborada . . .

No nos dejes caer en tentación:

de conformarnos a los patrones de este mundo
y perder la claridad de visión
que quieres que tengamos
del aislamiento,
de creer que ya no se puede hacer nada

The *bread* of land titles for all campesinos,
the *bread* of a place to live
for all those in the slums of Guatemala City,
the *bread* of milk for all children under two years of age
who suffer malnutrition and hunger,
the *bread* of medical assistance
for those in the countryside,
the *bread* of land
for the thousands of landless campesinos
who live subjugated to the interests
and whims of the landowners
on large farms in Chimaltenango,[14] in the high plains,
on the coast and now also in the Northern Transversal Strip[15]
invaded by the transnational corporations and the generals.[16]

And forgive us, Lord,
for not knowing how to share the bread
which *you* have given us,
as we forgive those
who have taken from us *your* bread
which is *ours.*
Forgive us for separating ourselves from our brothers,
forgive us, Lord, for our lack of faith and courage
which prevents us from surrendering ourselves as living hosts
to do *your will,*
which is to take what is yours
and share it with everyone right now.
Forgive us when out of fear
we remain silent
and do not say what *you* want us to say.
Forgive and destroy
the tiny kingdoms and the useless struggles
which exist among us,
which delay and obstruct our victorious march
towards the New Dawn.

And lead us not into the temptation:

of fitting ourselves into the patterns of this world
by loosing the clarity of vision

o de buscar sectariamente nuestro propio desarrollo.

No nos dejes caer en la tentación de pensar
que podremos servirte a ti y al dinero.
De buscar modelos y de importar soluciones
prefabricadas de liberación . . .

Más líbranos del malo:

que nos acecha desde los carros Toyota
para quitarnos la vida física,
o desde los tele-objetivos
para poder reconocernos
cuando manifestamos en la calle.
Manifestado en los "orejas"
que sen meten en nuestras comunidades
y en nuestras iglesias
para después sentenciarnos
a través del Ejército Secreto Anticomunista
o del Escuadrón de la Muerte.

De las asociaciones de Padres de Familia fantasmas
o de Los Amigos del País
tras de las cuales hay intenciones
de distorsionar nuestras palabras y difamar nuestras vidas
a través de la calumnia, la amenaza o la acusación indigna . . .
Que trabaja en la oscuridad de la noche
arrebatando a los hijos de la luz
y dejando a sus familias desamparadas
como ha pasado tantas veces en el Quiché,
en Chiquimula o en Ixcán . . .
Libranos del malo uniformado o de civil,
líbranos del malo que camina con carteras diplomáticas,
y señor:

líbranos del mal,
que desde el fondo de nosotros mismos,
nos invita a vivir nuestra vida
guardándola para nosotros mismos,
cuando Tú nos invitas a darla por nuestros amigos.

you wish us to have
about our isolation;
let us not be tempted into believing that now nothing can be done,
or of seeking our own development in a sectarian way.

Do not let us fall into the temptation of thinking
we can serve both you and money,
Of searching for models and importing prefabricated
solutions for our liberation.

But deliver us from the evil one:

who lurks in the Toyota jeeps
seeking to eliminate our physical life;
or behind the telescopic sights
with which they identify us
when we demonstrate in the streets.
The evil one embodied in the spies
who penetrate our communities
and our churches
in order to sentence us later on
through their Secret Anticommunist Army[17]
or the Death Squadron.[18]

From the secret societies called "Family Fathers"[19]
or "The Friends of the Country,"[20]
organizations whose intention it is
to distort our words and defame our lives
by means of slander, threats or vile accusations.

From the evil one who operates in the darkness of night
to destroy the children of light
and who leaves families forsaken
as has happened so many times in the Quiché,[21]
in Chiquimula or in Ixcán.[22]

Deliver us from those civilian and uniformed evil ones,
and deliver us from the evil which travels with a diplomatic pouch,
and Lord:

Porque tuyo es el Reino
y de ningún otro que quiera arrebatarlo,
tuyo el *poder*
y no de ninguna estructura ni organización,
y *la gloria es tuya.*
porque *tú eres el único Dios y Padre*
por siempre, AMEN

Guatemala, Junio de 1979

28

deliver us from the evil
which from our very depths
tempts us to live our life
by keeping to ourselves,
when you are inviting us to give it to our friends.

For yours is the kingdom
and not of anyone who seeks to usurp it,
yours is the *power*
which does not belong to any structure or organization,
and *yours is the glory,*
for *you are the only God and Father*
forever and ever, AMEN.

Guatemala, June, 1979

Los Que Vieron la Estrella

La Palabra se nos hizo pobreza en el vestido del pobre,
que vive del basurero.

La Palabra se nos hizo agonía, en el pecho marchito
de la mujer enbejecida por la ausencia del marido asesinado.

La Palabra se nos hizo sollozo mil veces apagado
en la boquita inerte del niño muerto por el hambre.

La Palabra se nos hizo rebeldía ante el cuerpo inanimado
de Gaspar Sánchez Toma, asesinado por la "ciencia".

La Palabra se nos hizo peligro, en la angustia de la madre
que piensa en el hijo hecho hombre.

La Palabra se hizo ausencia siempre presente en las 70.000
familias desgarradas por la muerte.

La Palabra se nos hizo acusación inexorable en los cráteres
ardientes que se tragaron sus cuerpos torturados.

La palabra-cuchillo nos fustigó en el lugar de la vergüenza,
la verdad dolorosa de los pobres.

La Palabra sopló el Espíritu sobre los huesos secos de las
Iglesias-Momias, guardianas del silencio . . .

La Palabra, clarín-de-madrugada, nos despertó del letargo
que nos robaba la Esperanza.

Those Who Saw
the Star

The Word, for our sake, became poverty clothed as the poor who
live off the refuse heap.

The Word, for our sake, became agony in the shrunken breast
of the woman grown old by the absence of her murdered husband.

The Word, for our sake, became a sob a thousand times stifled
in the immovable mouth of the child who died from hunger.

The Word, for our sake, became rebellion before the lifeless body
of Gaspar Sánchez Toma,[23] "scientifically" murdered.

The Word, for our sake, became danger in the anguish of the
mother who worries about her son growing into manhood.

The Word became an ever-present absence among the 70,000
families torn apart by death.

The Word, for our sake, became an inexorable accusation arising
from the blazing craters which swallowed up their tortured bodies.

The *word-knife* cut us deeply in that place of shame:
the painful reality of the poor.

The Word blew its spirit over the dried bones of the
Mummified-Churches, guardians of silence.

The Word, that *early-morning-bugle,* awoke us from the lethargy
which had robbed us of our Hope.

La Palabra se hizo camino en la selva, decisión en el rancho,
amor en la mujer, unidad en el obrero,
y Estrella para unos cuantos sembradores de sueños.

La Palabra se hizo Luz,
La Palabra se hizo Historia,
La Palabra se hizo Conflicto,
La Palabra se hizo Espíritu Indomable,
y regó sus semillas
en la montaña,
junto al río
y en el valle . . .

y *los-hombres-de-buena-voluntad,* oyeron el canto de los ángeles.

Las rodillas cansadas se fortalecieron,
se afirmaron las manos temblorosas,
y el pueblo que vagaba en tinieblas,
vio la *luz!*

Entonces,

La palabra se hizo carne en *la patria-preñada-de-libertad,*
El Espíiritu armó los brazos que forjaron la Esperanza,
El Verbo se hizo carne en el pueblo que vislumbra un nuevo dia . . .
y se nos hizo vida en José y Maria que empuñan el Derecho
y sepultan la ignominia.

La Palabra se nos hizo *semilla-de-justicia*
y concebimos la *paz.*

La Palabra gritó al mundo
la verdad de la lucha en contra del anti-hombre.

La palabra hizo llover *la justicia*
y brotó *la paz* en el surco de la tierra.

Y vimos *su gloria* en los ojos de los pobres convertidos en hombres.

Y la Gracia y la Verdad se hicieron fiesta

The Word became a path in the jungle, a decision on the farm,
love in women, unity among workers,
and a Star for those few who can inspire dreams.

The Word became Light,
The Word became History,
The Word became Conflict,
The Word became Indomitable Spirit,
and sowed its seeds
upon the mountain,
near the river
and in the valley,

and *those-of-good-will,* heard the angels sing.

Tired knees were strengthened,
trembling hands were stilled,
and the people who wandered in darkness,
saw the *light!*

Then,

The Word became flesh in a *nation-pregnant-with-freedom,*
The Spirit strengthened the arms which forged Hope,
The Verb became flesh in the people who perceived a new day,
and for our sake became life in Mary and Joseph who embrace
Righteousness and bury the people's ignominy.

The Word became the *seed-of-justice*
and we conceived *peace.*

The Word cried out to the world the truth about the struggle
against the anti-man.

The Word made *justice* to rain
and *peace* came forth from the furrows in the land.

And we saw *its glory* in the eyes of the poor converted into true men
and women.

en la risa de los niños rescatados por *la vida.*

Y, *los-que-vieron-la estrella,*
nos abrieron el *camino,*
que ahora *caminamos.*

Mientras tanto,
Herodes se va muriendo poco a poco,
comido de gusanos . . .

La Palabra se hizo juicio
y los anti-hombres rechinaron los dientes.

La Palabra se hizo perdón,
y el corazón de los hombres
aprendió a palpitar el amor.

Y la Palabra seguirá sembrando futuros
en los surcos de la Esperanza.

Y, en el *horizonte,*
La Palabra hecha *luz,*
nos invita a re-vivir mil madrugadas
hacia el Reino que viene

La Palabra nos convocará a su mesa.
Y vendrán del Este y del Oeste,
del Norte y del Sur,
y vestidos de incorrupción,
estaremos-por-fin-alegres.

Grace and Truth celebrated together
in the laughter of the children rescued by *life*.

And *those-who-saw-the-star,*
opened up for us,
the *path we now follow.*

Meanwhile,
Herod, slowly dying,
is eaten by worms.

The Word became judgment
and the anti-men ground their teeth.

The Word became forgiveness
and human hearts
learned to beat with love.

And the Word shall continue sowing futures
in the furrows of Hope.

And on the *horizon,*
the Word made *light*
invited us to relive a thousand dawns
toward the Kingdom that comes.

The Word will gather us round her table.
And they will come from the East and the West,
from the North and the South,
and dressed in incorruption
we-will-finally-be-happy.

Confesión

Me sedujiste, Señor
y fui seducida.
Tus ojos de niño indefenso
se me clavaron como garfios
en la entraña.

Te me apareciste
en el embarazo
de la niña anémica
que concibió de un soldado
frente a la sangre aún caliente
de su padre asesinado.

Cogiste firmemente
mi corazón
con la mano extendida
de indio viejo
que se muere hace siglos
sin techo, sin remedios
y sin médico,
pidiendo el pan de la justicia
a la puerta de una Iglesia-Cerrada.

Me sedujiste, Señor,
y yo me he dejado seducir.
Me has dominado,
has sido más fuerte que yo.

Por esto, los que eran mis amigos

Confession

You seduced me, Lord,
and I was seduced.
Your defenseless child's eyes
dug like claws
into my guts.

You appeared to me
in the pregnancy
of that anemic girl
who was impregnated by a soldier
before the still warm blood
of her murdered father.

You grasped my heart firmly
with the outstretched hand
of the old Indian
who has been dying for centuries
without a roof,
without medicines,
without a doctor,
asking for the bread of justice,
at the door of a Locked-Church.

You seduced me, Lord.
and I let myself be seduced.
You have conquered me,
you have been stronger than I.

This is why those who were my friends

se alejan con miedo
y me cierran las puertas.
Porque cada vez
que oigo tu Palabra
tengo que gritar
¡Violencia y ruina
para los fabricantes
de huérfanos,
de miseria
y de muerte!

Cuántas veces
quise cerrar mis oídos
a tu voz,
endurecer mi corazón,
sellar mis labios,
olvidarme para siempre
del dolor de los perseguidos,
del desamparo de los despojados
y de la agonía de los torturados,
pero tu dolor
era mi dolor
y tu amor
quemaba mi corazón!

Sí, me venciste,
fuiste más fuerte que yo
y me dejé seducir.

Ví todo tu cuerpo
hecho llaga
sobre la morgue
del Hospital General
un 23 de julio de 1978.

Sentí tu olor
a indio sudado
en el Salón Mayor
de la Escuela de Derecho
en el mes de enero de 1971.

are retreating in fear
and close their doors to me.
Because each time
I hear your Word
I must cry out:
Violence and ruin
to those who manufacture
orphans,
misery
and death!

How many times
did I wish to close my ears
to your voice,
to harden my heart,
to seal my lips,
to forget forever
the pain of the persecuted,
the helplessness of the outcast,
and the agony of the tortured,
but your pain
was my own
and your love
burned in my heart!

Yes, you conquered me,
you were stronger than I,
and I let myself be seduced.

I saw your whole body
as one massive wound
upon the slab at the morgue
in the General Hospital
on July 23, 1978.[24]

I inhaled your sweaty Indian odor
in the Main Hall
of the Law School
in January, 1971.[25]

Ví rodar tus lágrimas
de los ojos de miles de mujeres
en los entierros de los mártires,
oí tu grito
ordenando no matar,
en la última homilía
de un pastor
que como tú,
dio su vida por el pueblo;
y me dominaste,
porque sigues siendo
más fuerte que yo.

Ya no importan
las calumnias
de los que me acusan
Ya no cuentan las burlas
de los que me rechazan
y se apartan de mí
por miedo a contagiarse
o a manchar su prestigio.

Ya no puede,
ni siquiera la muerte,
librarme del dulce yugo
que se me hace ligero,
porque como guerrero poderoso
me acompañas,
y lloras con mi llanto,
gimes en mi oración
y te desahogas en mi grito.

He traído
mi causa ante Tí,
y sé que tú librarás
la carne del pobre,
de la mano del opresor.
Como valiente guerrero
defiendes la causa
del perseguido,

I saw your tears
stream down the eyes of thousands of women
at the funerals of the martyrs,
I heard your command
not to kill,
at the final homily
of a pastor
who like you,
gave his life for the people;[26]

and you conquered me,
because you continue
to be stronger than I.

The lies
of those who accuse me
are no longer important.
The mockery of those who reject me
and step aside
for fear of being contaminated
or of staining their prestige
no longer matters to me.

Not even death
can free me now of the sweet yoke
which you lighten for me,
because, as a powerful warrior,
you accompany me,
and you weep with my weeping,
and moan during my prayer,
and pour yourself out in my cry.

I have brought
my cause before you,
and I know that you will free
the flesh of the poor
from the hand of the oppressor.
As a brave warrior
you defend the cause
of the persecuted,

y nos abres caminos
en la oscuridad.

Iluminas nuestras tinieblas
y pueblas nuestras tristezas
de esperanza.

Porque eres
más fuerte que yo,
me he dejado seducir.
Y tu amor
quema mi corazón.

La sed de tu verdad
me convierte en peregrina
de ciudad en ciudad,
hasta que se cumpla
Tu Palabra,
y nos hagas renacer
a Tu Imagen y Semejanza.

Sedúceme, Señor,
exprime con tus manos
de indio sabio y viejo
mi corazón
hasta el último de mis días,
para que no me olvide yo
de Tu Justicia,
ni deje de proclamar
la urgente necesidad
de que los hombres
vivan como hermanos.

27 de marzo de 1981
San José de Costa Rica.

and open up paths for us
in the darkness.

You illuminate our darkness
and fill our sadness
with hope.

Because you are
stronger than I,
I have let myself be a captive,
and your love
burns in my heart.

The thirst for your truth
has made me a pilgrim
from city to city,
until the day your Word
is fulfilled,
and we are reborn
in your Image and Likeness.

Captivate me, Lord.
Till the last of my days,
wring out my heart
with your hands
of a wise old Indian,
so that I will not forget
your Justice
nor cease proclaiming
the urgent need
for humankind
to live in harmony.

March 27, 1981
San Jose, Costa Rica

El Quetzal Herido

Cansancio,
rebeldía,
dolor,
determinación,
anhelo,
asombro.
Carga recogida
en el largo caminar por el Ixcán.

De pronto,
al volver:
piececitos desnudos,
respiración entrecortada,
mirada suplicante
hacia un cielo cerrado.
Manitas temblorosas,
agonía sin remedio
del pequeño quetzal herido,
vencido por la muerte.
Pequeño niño indio
en lucha constante contra el hambre.

Carita timida,
ojitos de obsidiana
sonrientes y dulces.
Pies desnudos
constructores de caminos
en la selva.
Testigo silencioso

The Wounded Quetzal

Weariness,
rebellion,
pain,
determination,
longing,
dread.
Burdens gathered
on the long road through the Ixcán.

Suddenly,
upon returning:
tiny naked feet,
labored breathing,
a pleading look
towards an overcast sky.
Small trembling hands,
hopeless agony
of the small wounded quetzal,[27]
overcome by death.
Little Indian child
constantly struggling against hunger.

Tiny timid face,
small obsidian eyes,
smiling and gentle.
Naked feet
creating paths
in the jungle.
Silent witness

de la agonía del Quetzal
en el nido tardío de tus manos.

Pequeño niño indio,
cargador de mil cruces
sobre tu espalda
doblada al nacer.

Maestro de la tierra,
del bosque,
del llanto
y de la risa.

Quema mi pecho un carbón ardiente,
lo golpea un grito que no puedo callar.
Es un aleteo de quetzal
que pugna por liberarse
de las garras sanguinarias
del cóndor
y del águila real.

Guatemala india,
Batalla siempre viva
por alzar el vuelo
hacia un horizonte amplio
de una tierra sin dueños.

Grito de guerra!
Canto de amor
entonado por millones de
pequeños niños indios
que nacen y nacerán
tomados de la mano
en rondas infinitas.
Pichones de quetzal
que ensayan el vuelo
en las manos de un Niño Moreno
que nos abre caminos
allá, de donde han huido
las aves de rapiña.

to the agony of the quetzal
at last cuddled in the nest of your hands.

Little Indian child,
bearer of a thousand crosses
on your back
which was bent at birth.

Teacher of the earth,
of the forest,
of weeping,
and of laughter.

A hot coal sears my breast
and a cry I cannot stiffle strikes at my heart.
It is the flapping of the quetzal
struggling to be free
from the blood-thirsty claws
of the condor
and the bald eagle.

Indian Guatemala,
in ever-present struggle
to break into flight
towards the broad horizon
of an ownerless land.

War cry!
Song of love
intoned by millions
of small Indian children
who are and will be born
holding hands
in unending games.
Fledgling quetzals
who test their flight
in the hands of the Brown Skinned Child[28]
who opens paths for us
there, from whence the birds of prey
have fled.

Venaditos que suben las montañas,
que corren como hijos de gacelas
sobre las montañas llenas de aromas.

Corre, corre niño indio
corre como venado
sobre las montañas . . .
Allí en donde el Quetzal remonta
nuevos y altos vuelos.

Diciembre 1975
Marzo de 1981

Fawns who climb the mountains,
who run like the offspring of gazelles,
over mountains filled with fragrances.

Run, run Indian child,
run like a fawn toward the mountains;
there, where the quetzal makes
new and higher flights.

December 1975
March 1871

Cuando Amanezca

Carta a los hermanos y compañeros
de El Quiché y de otros lugares.

Tenemos que madrugar para adelantar el amanecer,
para ver más pronto la salida del sol.

Allá en el Bijolón reirá la marimba
por las cosquillas que le harán
los muchachos en las costillas.

Volveremos a escuchar el canto de los pájaros
saludando al *nuevo día*
cerca de la cascada.

Tenemos que ver el florecer de la milpa
en Salquil Grande.

Volveremos a comer el boxbol
y subiremos hasta Xeucalbitz,
allá en donde hicimos caldo de jutes
que recogimos en la corriente.

Junto al fuego, oiremos la risa de las mujeres
mientras echan las tortillas en el comal.

Volveremos a Trapichito
y oiremos los cohetes y las bombas
que anunciarán de nuevo

When the Dawn Breaks

*Letter to the brothers and friends
in El Quiché and other places.*

We must be up early to hasten the coming of dawn,
to behold even sooner the rising of the sun.

There in Bijolón[29] the marimba will laugh,
because the boys
will be tickling her sides.

We will hear once again the song of the birds
greeting the *new day*
near the waterfall.

We must see the corn fields flower
in Salquil Grande.[30]

We will eat boxbol[31] again
and climb up to Xeucalbitz,[32]
where we once made soup from the jutes[33]
gathered in the stream.

Near the fire we will hear the women laugh
as they throw tortillas on the hot comal.[34]

We will return to Trapichito[35]
and hear the fireworks
once again announce

la celebración de la Santa Misa,
La *misa verdadera* en donde habrá pan y vino para todos.

Tenemos que volver a Parramos
y cortaremos berros frescos en la quebrada,
y mientras comamos, oiremos el rumor de la corriente
contándole los secretos del sembrador.

Cuando amanezca,
todo será diferente,
los niños conocerán
el sabor verdadero de la leche,
y sus padres podrán volver a la escuela
que abandonaron de pequeños para no morirse de hambre.

Vamos a entrar a Chajul
sin ver a los policías militares
del ejército de los ricos,
de los que ahora obedecen las órdenes
de los gorilas uniformados.

Vamos a volver al Ixcán
de la mano de Mario Mujía,
y nos arrodillaremos a besar la tierra
que guarda el corazón de los mártires del 75.

Estrecharemos las manos de los huérfanos,
y escucharemos el eco de los pasos
de los andrajosos que siguieron la Estrella
y se burlaron de Herodes.

Cuando amanezca,
los reconoceremos por su *caminar.*

Pero, para que amanezca,
tenemos que cuidar este embarazo con ternura,
tenemos que correr,
tenemos que adelantarnos al sueño torpe,
al proyecto absurdo de los gorilas uniformados.

the celebration of the Holy Mass,
the *true mass* where there will be bread and wine for everyone.

We must return to Parramos[36]
and pick fresh watercress at the creek,
and while we eat, we will hear the murmur of the stream
recounting the secrets of those who sow the seed.

When the dawn breaks
everything will be different,
the children will know
the taste of real milk
and their parents can return to school;
those who left it as children in order not to die of hunger.

We will enter Chajul
without seeing any military police,
those from the army of the rich
who now obey the orders
of the uniformed gorillas.[37]

We will return to the Ixcán
hand in hand with Mario Mujía,
and we will kneel and kiss the ground
which safeguards the hearts of the martyrs of '75.[38]

We will clasp the hand of the orphans,
and listen to the echo of the footsteps
of the beggars who followed the Star
and mocked Herod.

When the dawn breaks
we will recognize them by their *walk*.

However, to ensure the breaking of dawn,
we must tenderly care for this pregnancy,
we must hurry along,
we must act before sleep overtakes us and anticipate
the absurd plans of the uniformed gorillas.

El cielo de la Patria se ha puesto muy oscuro,
ya mero va a clarear,
y a quien madruga, Dios lo ayuda
y le *amanece* más temprano.

Volveremos a reunirnos junto al fuego,
y las manitas de los patojos
ya nunca más estarán heladas.
Las lombrices ya no se comerán
a las familias chiquitas,
cuando amanezca.

Los destacamentos ya no nos quitarán las llaves
de la cooperativa,
huirá el miedo do los patojitos
porque volverán a la Escuela de la *parroquia nueva.*

Cuando amanezca,
las viudas se llenarán de familia,
pero ahora, tenemos que madrugar
para adelantar *el nuevo dia.*

Entonces ya no nos romperán los dientes
con el fusil para callar nuestros gritos,
los soldados ya nunca más se llevarán al Chepe
para tirar su cadáver cerca del Boquerón.

Ya no se cagarán en nosotros
violando a las patojas,
y bailando con nuestras mujeres.
Ya no sembraremos
para que ellos coman,
ya no nos robarán los animales
para rellenar su panza.

Cuando amanezca.

Ya mero,
ya los zahorines van a empezar
con el tun y con el pom

The Nation's sky has become very dark,
but the light of day is near,
God will help those who arise early
and it will *dawn* all the sooner for them.

We will gather again round the fire,
and the small hands of the children
will never again be ice-cold.
The tapeworms will no longer eat at
the families of the poor,
when the dawn breaks.

The soldiers will no longer take the keys
to the cooperative;
the children's fear will vanish
because they will go to the school in the *new parish.*

When the dawn breaks,
widows will beget new families,
but for now we must arise early
in order to hasten the *new day.*

Then, rifles will no longer bash in our teeth
trying to quiet our screams
and soldiers will never again take Chepe[39] away
and dump his body near El Boquerón.[40]

No longer will they step on us,
raping the young girls
and dancing with our women.
We will no longer sow
for them to eat;
they will no longer steal our animals
to gorge their bellies.

When the dawn breaks.

Soon now,
the soothsayers will begin
beating on their drums

en la Gran Reunión de Momostenango,
y la oración y el humo
subirán más arriba de todos.

Ahora sí se van a joder
los que mataron
a los preferidos de la Gran Abuela,
ahora sí va a empezar el Gran Juicio
y los vamos a chingar.
El que está montado sobre el mundo
ya sintió el humo de sus cuerpos quemados
en sus meras narices.
Ahora, una rabia muy grande
va a bajar de la montaña
de donde ya viene nuestra victoria!

En lo mero oscuro,
no van a ver los condenados lo que les espera.
Aunque dicen que son cristianos,
no se van a acordar de las palabras de María.

"Dios levanta del lodo al pobre"
y los poderosos se van a caer patas arriba,
los que lloraron van a reir satisfechos
y todo volverá a ser como antes.
cuando amanezca.

3 de febrero 1980

at the Great Reunion of Momostenango,[41]
and prayer and smoke
will rise above us all.

Now, those who killed
the favorites of the Great Grandmother[42]
will get what they really deserve, for now the Great Judgment
will begin and we are going to do them in.
He who stands above the world
has already smelled the odor of their burned bodies
in his very nostrils.
Now, a great rage
will descend from the mountain
from whence our victory is finally coming!

In the midst of darkness,
the condemned will not see what awaits them.
Although they say they are Christians,
they will not recall Mary's words.

"God raises up the poor from the mire."
The powerful will fall flat on their faces,
those who cried will laugh satisfied,
and everything will return to what it was before.
When the dawn breaks.

February 3, 1980

Nos Han Amenazado
de Resurrección

Lo que no nos deja descansar hermano,
no es el ruido de la calle,
no son los gritos de los jóvenes
que salen borrachos del "Saint Paul",
no es el barullo de los que pasan agitados
hacia las montañas.

Lo que no nos deja dormir,
lo que no deja descansar,
lo que no deja de golpear
aquí dentro,
es el llanto silencioso cálido
de las indias sin sus maridos,
es la mirada triste de los niños
clavada más allá de la memoria,
en la misma niña de nuestros ojos
que durante el sueño
velan cerrados
en cada diástole,
en cada sístole,
en cada despertar.

Se nos fueron seis ahora,
y nueve en Rabinal,
y dos, más dos, más dos
y diez y cien y mil
en todo un ejército
testigo de nuestro dolor,
de nuestro miedo,

They Have Threatened
Us With Resurrection

It isn't the noise in the streets
that keeps us from resting, my friend,
nor is it the shouts of the young people
coming out drunk from "St. Paul's" bar,
nor is it the tumult of those who pass by excitedly
on their way to the mountains.

There is something here within us
which doesn't let us sleep,
which doesn't let us rest,
which doesn't stop pounding
deep inside,
it is the silent, warm weeping
of Indian women without their husbands,
it is the sad gaze of the children
fixed there beyond memory,
in the very pupil of our eyes
which during sleep,
though closed, keep watch
with each contraction
of the heart,
in every awakening.

Now six of them have left us,
and nine in Rabinál,[43]
and two, plus two, plus two,
and ten, a hundred, a thousand,
a whole army
witness to our pain,

de nuestro valor,
de nuestra *esperanza!*

Lo que no nos deja dormir
es que nos han amenazado de resurrección!
Porque en cada anochecer,
fatigados ya de los recuentos
sin fin desde 1954,
todavía seguimos amando la vida
y no aceptamos su muerte!

Nos han amenazado de Resurrección,
porque hemos palpado sus cuerpos inmóviles
y sus almas penetraron en la nuestra
doblemente fortalecida,
Porque en este maratón de la Esperanza,
siempre hay relevos
para portar la fuerza
hasta llegar a la meta
más allá de la muerte.

Nos han amenazado de Resurrección,
porque no nos podrán arrebatar
ni sus cuerpos,
ni sus almas,
ni sus fuerzas,
ni su espíritu,
ni su misma muerte,
ni menos aún su vida.
Porque ellos viven
hoy, mañana y siempre
en la calle bautizada con su sangre,
en el aire que recogió su grito,
en la selva que escondió sus sombras,
en el río que recogió su risa,
en el océano que guarda sus secretos,
en los cráteres de los volcanes,
Pirámides del Alba,
que tragaron sus cenizas.

our fear,
our courage,
our hope!

What keeps us from sleeping
is that they have threatened us with resurrection!
Because at each nightfall
though exhausted from the endless inventory
of killings since 1954,[44]
yet we continue to love life
and do not accept their death!

They have threatened us with Resurrection
because we have felt their inert bodies
and their souls penetrated ours
doubly fortified.
Because in this marathon of Hope,
there are always others to relieve us
in bearing the courage necessary
to arrive at the goal
which lies beyond death.

They have threatened us with Resurrection
because they will not be able to wrest from us
their bodies,
their souls,
their strength,
their spirit,
nor even their death
and least of all their life.
Because they live
today, tomorrow and always
on the streets, baptized with their blood
and in the air which gathered up their cry,
in the jungle that hid their shadows,
in the river that gathered up their laughter,
in the ocean that holds their secrets,
in the craters of the volcanoes,
Pyramids of the New Day
which swallowed up their ashes.

Nos han amenazado de Resurrección,
porque ellos están más vivos que nunca,
porque pueblan nuestras agonías,
porque fertilizan nuestra lucha,
porque nos levantan cuando caemos,
porque se yerguen como gigantes
ante el miedo de los gorilas enloquecidos.

Nos han amenazado de Resurrección
porque ellos no conocen la vida (¡los pobres!)

Ese es el torbellino
que no nos deja dormir,
por el que dormidos, velamos,
y despiertos, soñamos.

No, no son los ruidos de la calle,
ni los gritos de los borrachitos en el "Saint Paul",
ni la algarabía de los deportistas.
Es el ciclón interior de una lucha de colores
que sanará aquella herida del Quetzal
abatido en el Ixcán,
es el terremoto que se acerca
para sacudir el mundo
y poner cada cosa en su lugar.

No hermano,
no es el ruido de la calle
lo que no nos deja dormir.

Acompáñanos en esta vigilia
y sabrás lo que es soñar!
Sabrás entonces lo maravilloso que es
vivir amenazado de Resurrección!

Soñar despierto,
velar dormido,
vivir muriendo
y saberse ya
resucitado!

Ginebra, 8 de marzo de 1980

They have threatened us with Resurrection,
because they are more alive than ever before,
because they transform our agonies,
and fertilize our struggle,
because they pick us up when we fall,
and gird us like giants
before the fear of those demented gorillas.

They have threatened us with Resurrection
because they do not know life (poor things!).

That is the whirlwind
which does not let us sleep,
the reason why asleep, we keep watch,
and awake, we dream.

No, it's not the street noises,
nor the shouts from the drunks in "St. Paul's" bar,
nor the noise from the fans at the ball park.
It is the internal cyclone of a kaleidoscopic struggle
which will heal that wound of the quetzal
fallen in Ixcán.
It is the earthquake soon to come that will shake the world
and put everything in its place.

No, brother,
it is not the noise in the streets
which does not let us sleep.

Accompany us then on this vigil
and you will know what it is to dream!
You will then know
how marvelous it is
to live threatened with Resurrection!

To dream awake,
to keep watch asleep,
to live while dying
and to already know oneself
resurrected!

Geneva, March 8, 1980

No Tengo Miedo
a la Muerte

Ya no tengo miedo a la muerte,
conozco muy bien
su corredor oscuro y frio
que conduce a la vida.

Tengo miedo de esa vida
que no surge de la muerte,
que acalambra las manos
y entorpece nuestra marcha.

Tengo miedo de mi miedo,
y aún más del miedo de los otros,
que no saben a dónde van
y se siguen aferrando
a algo que creen que es la vida
y nosotros sabemos que es la muerte!

Vivo cada día para matar le muerte,
muero cada día para parir la vida,
y en esta muerte de la muerte,
muero mil veces
y resucito otras tantas,
desde el amor que alimenta
de mi Pueblo,
la esperanza!

I Am Not Afraid
of Death

I am no longer afraid of death,
I know well
its dark and cold corridors
leading to life.

I am afraid rather of that life
which does not come out of death
which cramps our hands
and retards our march.

I am afraid of my fear
and even more of the fear of others,
who do not know where they are going,
who continue clinging
to what they consider to be life
which we know to be death!

I live each day to kill death;
I die each day to beget life,
and in this dying unto death,
I die a thousand times and
am reborn another thousand
through that love
from my People,
which nourishes hope!

Tres Canciones
para Mi Madre

Madre,
es cierto que el camino es largo
y es cierto también que el exilio es amargo.

Pero para la que espera y cree,
aunque es tediosa la espera,
el parto es corto.

Al nacer el niño,
grita y llora,
y con ese llanto,
surge de nuevo la alegría.

§ § § § § § §

Madre de la Patria Nueva,
madre pequeña y pobre
que sazonas el llanto
con el trabajo y la tortilla,
la sal y el café claro;

Madre de Sara Cabrera,
Madre de Patrocinio Menchú,
y madre de los sesenta
masacrados en Cotzal
el 28 dè julio;

Madre de los estudiantes
asesinados por alvarez y chupina,

Three Songs
for My Mother

Mother,
it is true that the path is a long one
and also that exile is bitter.

But childbirth is short
for the woman who waits and believes
even though the waiting is tedious.

When the child is born,
it screams and cries,
and with that crying,
joy surges forth again.

§ § § § § § §

Mother of the New Nation,
small and poor mother,
you who season your weeping
with work and tortillas,
with salt and weak coffee;

Mother of Sara Cabrera,[45]
Mother of Patrocinio Menchu[46]
and mother of those sixty
massacred in Cotzal
the 28th of July;

Mother of the students
murdered by Alvarez and Chupina,[47]

el 14 de julio de 1980,
para sacar del infierno
a su amigo, el gran jefe
del cuarto cuerpo;

Madre de Gaspar Cuián,
Madre de Felipe García,
Madre de Mario López Larrave,
de Fuentes Mohr,
de Mujía y de Alaíde;

Madre de los que nunca te nacieron,
porque te aplastaron el vientre
para beberse la sangre
caliente de mi pueblo;

Madre de Florencia Xocop,
de su hijo,
y del hijo de su hijo;

Madre Mía,
Madre del Pueblo
enterrada con los dolores,
y cosechada mil veces
en cada mujer ultrajada
que se levanta digna
para correr esta necesaria carrera
de dolor y de esperanza!

Tú lo sabes madre buena,
desde niñas nos obligaron a aprender
el ritmo macabro de las balas,
y el corazón retiene todavía
la terrible partitura
que graba la metralla en la memoria
de los niños,
de los viejos,
de los indios
y de los obreros.

on July 14, 1980,
to deliver their friend
from that hell: the great chief
of the fourth command post;[48]

Mother of Gaspar Culán[49]
Mother of Felipe García,[50]
Mother of Mario López Larrave
of Fuentes Mohr,[51]
of Mujía and of Alaide;[52]

Mother of those to whom you never gave birth
because they crushed your womb
in order to drink the hot blood
of my people;

Mother of Florencia Xocop,[53]
of her son,
of the son of her son;

O Mother of mine,
Mother of the People
buried with woman's pains,
and a thousand times redeemed
in every debased woman
who rises in dignity
to run this necessary race
of pain and hope!

And you know, loving mother,
that since we were small girls they made us learn
the deadly rhythm of the bullets,
and one's heart still remembers
that terrible musical score
which the machine gun engraves upon the memory
of the children,
and old people,
of the Indians
and workers.

Madre Pueblo,
Madre Sangre,
Madre Hambre,
Madre Lucha
Madre Lágrima,
Madre Tierra,
Madre Niña,
ultrajada en octubre:

de tu himen desflorado,
nace muerto el amor
del romance televicero,
traído de Hollywood
o de Nueva York.

De tu corazón hecho coraje,
nace el hijo verdadero,
hecho de óvulo fuerza,
sembrado por el Hombre Nuevo,
formado en el vientre entero
que forja la Nueva Raza
en el suelo verdadero.
Hijo legítimo de esta Guatemala
que sangra y llora,
pisoteada sin piedad
por bueyes con rabia
con galones y estrellas
como toritos de feria.

Te perforaron el alma,
y al hacerlo,
Madre mía,
Madre Pobre
Madre Buena,
Guatemala,
descubriste
quiénes eran de verdad tus hijos
y quiénes los bastardos.

Recibe en tu regazo a los verdaderos

Mother People,
Mother Blood,
Mother Hunger,
Mother Struggle,
Mother Tear,
Mother Earth,
Mother Girl,
debased in October:

From your deflowering,
brought from the false love
of TV romances made in
Hollywood and New York,
love is born dead.

Your real son is born
from your heart of courage
made from a strong ovum
sowed by the New Man,
formed in the whole womb
that is shaped by the New Race
on true soil.
Legitimate son of this Guatemala,
you who bleed and weep
and are trampled without pity
by enraged oxen
wearing stars and stripes
like circus animals.

Your soul was perforated
and when that was done,
my Mother,
Poor Mother,
Loving Mother,
Guatemala,
you discovered
who your true children were
and who were illegitimate.

Receive in your bosom your real children

que descieden de la cruz
hechos pedazos,
y prepara tu corazón,
para celebrar el próximo domingo,
La Pascua de Resurrección!

§ § § § § § §

Madre, imagínate
pretendieron destruir lo indestructible.
Quisieron amputar lo eterno,
intentaron reducir a cenizas
al mismo sol.

Claro, madre,
"¡dieron coces contra el aguijón!"

Estaban enloquecidos,
querían beberse la vida
y no quedaron satisfechos.
Querían apagar las voces
del amor,
y las palabras de los resucitados,
repetidas por mil ecos
en el horizonte infinito,
les martillaban sin descanso
su diminuto cerebro.

Se quedaron repitiendo
palabras sin sentido.

Compraron setenta mil seguros de muerte
a Israel,
y los fueron perdiendo uno a uno.

Secuestraron miles de pobres
para acabar con todos los hermanos de Abel,
y nunca llevaban la cuenta
de cómo verdaderamente desaparecían.

who descend from the cross
in pieces,
and prepare your heart,
to celebrate next Sunday,
the Feast of the Resurrection!

§ § § § § § §

Imagine Mother,
they tried to destroy the indestructible.
They hoped to amputate the eternal,
and attempted to reduce to ashes
the sun itself.

Of course, Mother,
"like animals lashing out against bee stings!"

They were crazy,
they wanted to swallow up life
and still they were not satisfied.
They wanted to silence the voices
of love,
but the words of the resurrected,
repeated in a thousand echoes
on the infinite horizon,
tirelessly hammered upon
their minute brain.

They were left repeating
senseless words.

They bought sixty thousand life insurance policies
from Israel,
and they lost them one by one.

They abducted thousands of poor people
to finish off all of Abel's brothers,
and never kept count
of how they really disappeared.

Madre, es una noticia que quiero contarte,
sólo para que te duermas tranquila,
ellos no conocen el camino,
y aunque lo conocieran,
no podrian caminarlo.

Sólo saben sumar dólares
y también restar vidas de pobres.
y saben también,
sacar divisas a los bancos de Suiza.

Porque no saben lo que es el honor,
ni la verdad, ni la honestidad,
ni la justicia, ni la razón,
ni la humanidad, madre.

Dicen que se les pudrió el corazón
en la escuela militar.
Yo intuyo que no saben orar como tú,
ni esperar, ni aprender, ni callar,
y mucho menos amar.

Por eso te digo
que se quisieron hacer grandes
como dioses
y se quedaron pequeñitos,
como Zaqueo,
antes de que entrara
la Salvación a su casa.

Tienen espíritus enanos.

Pobres, sí, madre.
Se destruyeron ya ellos mismos.
Cuando quisieron
matar la vida
destruir
lo indestructible,
Amputar
lo eterno,

Mother, there is something I wish to tell you
so you will be able to sleep more easily:
they do not know the path,
and even if they knew it,
they would not be able to walk it.

They only know how to add up dollars
and how to subtract the lives of the poor.
They also know
how to withdraw money from Swiss banks.

Because they do not know what honor is, Mother,
nor truth, nor honesty,
nor justice, nor reason,
nor humanity, Mother.

It is said their hearts rotted
at the military academy.
I sense they do not know how to pray like you do,
nor how to wait, nor learn, nor be silent,
and much less how to love.

That's why I tell you
they wanted to make themselves as big
as gods
but they remained very small,
like Zacchaeus,[54]
before Salvation
entered his home.

They have midget spirits.

Yes, poor things, Mother.
They have already destroyed themselves
when they decided
to kill life
and destroy
the indestructible,
to amputate
the eternal,

Apagar,
el sol.

Sí, sí, por supuesto,
más de uno seguirá el camino de Saulo de Tarso!
En eso, como siempre, tienes la razón!

to turn off,
the sun.

Yes, yes, of course,
more than one will follow the path of Saul of Tarsus!
In that, as always, you are right!

Thanksgiving Day
en USA

En el tercer año de las masacres
de lucas y los otros coyotes
contra los pobres de Guatemala,
fui conducida por el Espíritu al desierto.

Y la víspera
del Thanksgiving Day
tuve una visión de Babilonia:

La ciudad surgía arrogante
desde una enorme plataforma
de humo sucio, producido
por los vehículos, las máquinas
y los hornos de contaminación.

Era como si todo el petróleo
de la tierra violada
por los señores del Capital,
se estuviera consumiendo
y subiendo lentamente
para taparnos la cara
del Sol de Justicia
y del Anciano de Días.

Entre la cortina de dólares
convertidos en smoke,
los espectros de los rascacielos
se estiraban insolentes
pretendiendo alcanzar las nubes.

Thanksgiving Day
in the United States

In the third year of the massacres
by Lucas[55] and the other coyotes
against the poor of Guatemala,
I was led by the Spirit into the desert.

And on the eve
of Thanksgiving Day
I had a vision of Babylon:

The city sprang forth arrogantly
from an enormous platform
of dirty smoke produced
by motor vehicles, machinery
and contamination from smokestacks.

It was as if all the petroleum
from a violated earth
was being consumed
by the lords of capital
and was slowly rising,
obscuring the face
of the Sun of Justice
and the Ancient of Days.[56]

In between the curtains of dollars
going up in smoke,
the spectre of skyscrapers
stretched upward insolently
pretending to reach the clouds.

En la penumbra, millares de luces
confundían a los necios
como en los tiempos de Babel.

Cada día los falsos profetas
invitaban a los habitantes
de la Ciudad Impúdica,
a postrarse ante los ídolos
del vientre,
del dinero
y de la muerte.
Idólatras de todos los pueblos
se convertían al American Life.

Un mensajero del Señor
me llevó al interior de un hotel
cuyo nombre es "Bonaventura"
en el centro de la ciudad
llamada de "los ángeles".

En el piso 33, el ángel
me mostro la ruleta del diablo
que daba vueltas y más vueltas
atarantando a hombres y mujeres
y emborrachandolos
con el humo, las luces
y el vertigo de la ciudad.

En el patio interior
del primer nivel
había una tumba.
Adentro de ella
estaba la carreta
de los "Peregrinos"
que llegaron al oeste
para adorar a su gusto
al dios en el cual creen
y por el cual sacrifican
muchas vidas humanas.

In the darkness, millions of lights
confused the ignorant
as in the times of Babel.

Each day false prophets
invited the inhabitants
of the Unchaste City
to kneel before the idols
of gluttony,
money,
and death:
Idolaters from all nations
were being converted to the American Way of Life.

A messenger of the Lord
took me inside a hotel
named "Bonaventure"
in the center of the city
called "Los Angeles."

On the 33rd floor, the angel
showed me the devil's roulette wheel
which turned round and round
confusing men and women,
making them drunk
with the smoke, the lights,
and the frenzy of the city.

In the inner patio
of the first level
there was a tomb.
Inside it
was a wagon
of the "pilgrims"
who went west
to worship in their own way
the golden god in which they believe
and for which they sacrificed
so many human lives.

Tambien ví en la tumba,
junto a la carreta
a una familia india
sin alegría y sin libertad
para celebrar la fiesta de la Cosecha
de la Madre tierra,
de la Tierra de Dios,
de los Ríos de Dios,
de las Montañas de Dios.
Del-Dios-con-nosotros
cuyo nombre es Emmanuel;
del que nos ha ordenado
vivir en una sola familia
como hijos de un mismo Padre,
en donde el Hermano Mayor
y Primogénito del Padre,
es el Sol de Justicia
que iluminará la Ciudad de Dios,
que será habitada
por todos los pueblos
de todas las razas
de toda la tierra.

Salí a la calle de nuevo
y el rugido sordo
que anuncia los grandes cataclismos,
me anticipo el juicio de Dios
sobre la Gran Nación
y sobre su poderoso Imperio.

Pasé como una hormiga
en la zona dedicada
a los Templos de Mammón
y aterrada contemplé,
entre los edificios
del Modern Art Bank,
la danza macabra
de la explotación
del hombre por el hombre
que siempre culmina con la muerte.

Also in the tomb
near the wagon,
I saw an Indian family
without joy, and without the freedom
to celebrate the feast of the Harvest
of Mother Earth,
of God's Land,
of God's Rivers,
of God's Mountains,
of the-God-who-is-with-us
whose name is Emmanuel,
who has ordered us
to live as one family
as children of the same Father,
where the Elder Son
and Only Begotten of the Father
is the Sun of Justice,
who will illuminate the City of God
that will be inhabited
by all the peoples
of all the races
of the whole earth.

I went out into the street again,
and the muffled roar
which announces the great cataclysms
warned me of God's coming judgment
upon the Great Nation
and upon its powerful Empire.

Like an ant
I passed by the area dedicated
to the temples of Mammon,[57]
and horrified I watched,
between the buildings
of the Modern Art Bank,
that macabre dance
called the exploitation
of man by man,
which always ends in death.

El Angel me mostró con tristeza
el lugar que antes ocupaba
un bello templo Luterano
en donde se adoró al Dios verdadero
y que ahora ocupa
un enorme conjunto de torres paganas.

Las paredes de los Templos Mammónicos
son como el acero pulido
y en los ventanales
se distorsiona la realidad
y las luces encendidas
con el petróleo que los sacerdotes de ese culto,
arrebatan a los pueblos
que luchan ahora por la vida y la libertad
al otro lado del Rio Grande.

Debajo de sus puertas de hierro,
salen corrientes de sangre
que forman el gran río de la muerte
que corre constantemente
produciendo reflejos purpúreos.

El Espiritu me dijo:
"En el río de la muerte
va toda la sangre de muchos pueblos
sacrificados sin misericordia
y sacados mil veces de sus tierras . . .
la sangre de kekchíes, de Panzos,
negros de Haití, guaraníes de Paraguay,
de los pueblos sacrificados por "el desarrollo"
en la franja trans-amazónica,
y de los antepasados de los indios
que habitaron estas tierras, de los que
aún ahora son cercados en la Montaña Grande
y en la Colina Negra de Dakota
por los guardianes de la Bestia."

Después otro Angel me mostró
las llanuras de California

Sadly, the Angel showed me
the place where a beautiful
Lutheran temple once stood,
where the True God was once worshipped
and which is now occupied
by an enormous complex of pagan towers.

The walls of the Temples of Mammon
are like polished steel
and in their windows
reality is distorted,
and so are the lights ignited
by the petroleum which its priests
have taken from the people
who now struggle for life and freedom
on the other side of the Rio Grande.

Under the steel doors
flow forth rivers of blood
which form the great river of death
which runs constantly
producing purple reflections.

The Spirit told me:
"In the river of death
flows the blood of many peoples
sacrificed without mercy
and removed a thousand times from their lands,
the blood of Kekchis,[58] of Panzós,
of blacks from Haiti, of Guaranis from Paraguay,[59]
of the peoples sacrificed for "development"
in the Trans-Amazonic strip,[60]
the blood of the Indians' ancestors
who lived on these lands, of those who
even now are kept hostage in the Great Mountain[61]
and on the Black Hills of Dakota
by the guardians of the Beast."

Later another Angel showed me
the plains of California,

y escuché un inmenso clamor
que subía de la tierra,
se elevaba por encima del humo
y de los rascacielos,
y llegaba hasta el mismo oído del Padre
y al trono en donde estaba el Cordero Inmolado.
Era el clamor de la sangre
de miles de mártires inocentes.

Entonces reconocí a la Bestia
que tiene mil caras distintas
y una marca diferente en la frente
de cada una de ellas.
Y las marcas brillaban con arrogancia
en luces de colores que titilaban
tratando de imitar a las estrellas,
y consumían la energía
arrebatada a todos los pobres del mundo.

Las marcas engañaban
a muchos ignorantes
y a los que huyen de la verdad.
Estos son los que adoran a la Bestia
en el Bank of America
o en otros de sus muchos templos.

Las marcas les ofrecían
dormir tranquílos y seguros,
adquirir prestigio
y mil cosas innecesarias.
Para continuar en este camino,
tenían que hacerse fuertes
contra el Cordero y contra
su Reino de Paz y de Justicia.
El secreto estaba siempre
en seguir ensayando nuevos experimentos
en el Monte del Diablo
para controlar a todos
los habitantes de la tierra,
adquirir todas sus riquezas

and I heard a great cry
which arose from the earth,
arising above the smoke
from the skyscrapers,
reached even unto the ear of the Father
and to the throne of the Sacrificial Lamb.
It was the cry of the blood
of thousands of innocent martyrs.

Then I recognized the Beast
which has a thousand faces
and a different mark on the forehead
of each one of them.
Each mark blazed with arrogance
in colorful lights which tintillated
trying to imitate the stars
and using up all the energy
taken from the world's poor.

These marks deceived
many who are ignorant
and those who flee from the truth:
those who worship the Beast
in the Bank of America
or in others of its many temples.

The marks offered them
sure and peaceful sleep,
a way to acquire prestige
and a thousand unnecessary things.
To continue along this path
they had to harden themselves
against the Lamb and against
His Kingdom of Peace and Justice.
The strategy was always
to keep trying out new experiments
on the Devil's Mountain
in order to gain control
over all the world's inhabitants,
acquire all of their wealth,

y obtener toda su gloria,
postrados siempre ante La Bestia.

La obsesión de los negocios
brillaba tambien en colores luminosos
a lo largo de los anchos Freeways,
por donde millones de convertidos
se precipitan en el vértigo
"de-hacer-más-dinero-cada-día".

Entonces el Espíritu
me abrió el oído y pude escuchar
las voces de los profetas de la mentira
vomitando todo el tiempo falsedades:

"El Gobierno de Los Estados Babilónicos
protegerá a Europa occidental
con la implantación de poderosos misiles. . . . "
"Haig Hit . . . y el Ministro de Israel
firman un pacto para asegurar la paz-sangría
en Palestina . . . "

Tuercen la verdad
llamando ayuda para "la paz y el desarrollo"
a la intervención en Centroamérica y el Caribe
para silenciar los clamores de miles de
crucificados en El Salvador y en Guatemala.

Mi alma fue torturada tres días y medio
y una fatiga muy grande me oprimía el pecho.
Me dolía muy hondo el sufrimiento de mi pueblo!

Entonces me postré llorando,
y grité: Señor, que podemos hacer?
Si no tienen tiempo
para escuchar la verdad,
menos aún para buscarla por sí mismos!
Son gente demasiado cómoda e ignorante.
Ven Señor, quiero morir entre mis hermanos!

and appropriate all their glory,
always in obeisance to the Beast.

The obsession with business
blazed forth in luminous colors
along the entire length of the wide Free Ways,
where millions of the converted
rush about in the vertigo
"of-making-more-money-every-day."

Then the Spirit
opened my ears and I was able to hear
the voices of the false prophets
continually vomiting falsehoods:

"The Government of the Babylonian States
will protect Western Europe
by positioning powerful missiles . . . ."
Haig Hit . . . and the Minister of Israel
sign a pact to insure the bloody-peace
in Palestine . . . "

They twist the truth
calling their intervention into Central America and the Caribbean
"peace and development"
in order to silence the outcry of the thousands
being crucified in El Salvador and Guatemala.

My soul was tortured like this for three and a half days
and a great weariness weighed upon my breast.
I felt the suffering of my people very deeply!

Then, in tears, I prostrated myself
and cried out: "Lord, what can we do?"
If they have no time
to hear the truth
and even less to seek it for themselves?
They are a people too ignorant and too comfortable.
Come to me, Lord, I wish to die among my people!"

Sin fuerzas, esperé la respuesta.
Después de un gran silencio
y densa oscuridad . . .
El que se sienta sobre el trono
para juzgar a las naciones,
habló en un susurro suave
en lo secreto de mi corazón:

Hay que denunciarles su idolatria
a tiempo y fuera de tiempo,
fuérzalos a escuchar la verdad;
lo que es imposible para los hombres,
es posible para Dios!

noviembre 1981

Without strength, I waited for the answer.
After a long silence
and a heavy darkness . . .
He who sits on the throne
to judge the nations
spoke in a soft whisper
in the secret recesses of my heart:

"You have to denounce their idolatry
in good times and in bad.
Force them to hear the truth,
for what is impossible to men,
is possible for God!"

November 1981

Premonición

Las palabras de la Domitila Chungara
fueron clavos hincados en mi carne.
Al salir de su albergue,
el hielo de la noche me hirió la piel
como su grito partió mi corazón:
"nuestros pueblos están tan divididos . . . !"

Fue en noviembre de 1980
El año de la Masacre en la Embajada de España,
de la masacre de Cotzal
y de muchas más.

El mismo año
en que los ejércitos
de Honduras y El Salvador
mataron 600 veces a Jesús
junto al río Sumpul.

Habia encontrado
a los hermanos de Chile y Uruguay
en el pueblo de refugiados
de Hallstahammar.
Habia visto brillar
la esperanza en sus ojos
cuando escucharon
la fuerza de nuestros pueblos
en América Central.

Fue exactamente a los

Premonition

The words of Domitila Chungara[62]
were like nails driven into my flesh.
When I left the shelter of her home,
the cold of the night burned my skin
just as her cry broke my heart:
"Our people are so divided . . . !"

It was in November of 1980,
the year of the Massacre in the Spanish Embassy,[63]
of the massacre of Cotzal
and so many other massacres.

It was the same year
in which the armies
of Honduras and El Salvador
killed Jesus 600 times
next to the Sumpul river.[64]

I had encountered brothers
from Chile and Uruguay
in the refugee town
of Hallstahammar.[65]
I had seen hope
light up their eyes
when they heard of
the strength of our people
in Central America.

It was exactly

diez dias
de la victoria electoral
del lider de los capitalistas.

Vi en el sueño
un enorme volcán en erupción.

Las cenizas y el vapor
se elevaban hasta el cielo.
Los bramidos del gigante
sonaban como la tempestad
de muchos mares embravecidos.

Después de un tiempo
de mucha oscuridad,
de mucho polvo
y de mucho miedo.
Una inmensa nube de vapor
se elevó como un enorme hongo fantasmal,
provocado por la erupción.

De pronto,
una fuerza-desconocida
hirió al volcán.
La herida era como una inmensa boca,
como una gran caverna.

Después se desgarró
el fondo de la caverna.
Y a través de la gran boca
pude ver una visión maravillosa:

Vi el cielo resplandeciente,
como un inmenso lago de cristal
de un azul limpido
y luminoso.
Regado de grandes estrellas.
Cada una con un halo de luz.
Y en medio de todas ellas,
una luna inmensa,

ten days
after the electoral victory
of the new capitalist leader.[66]

In my dream I saw
an enormous volcano erupting.

The ashes and the vapor
were going up to the heavens.
The roars of the giant
were like a tempest
or like tumultuous seas.

After a period
of intense darkness,
of a lot of dust
and a lot of fear,
a huge vapor cloud
went up like a phenomenal mushroom
produced by the eruption.

All of a sudden
an unknown force
wounded the volcano;
the wound was like a huge mouth,
like a huge cavern.

Later the bottom of the cavern
came off,
and through the opening
I could see a wonderful vision.

I saw the shining skies
like an immense crystal lake
of a clear blue
and bright.
Scattered with big stars,
each one with a halo of light.
And in the center of all of them
an immense moon,

brillante,
y perfecta.

Desperté abruptamente
del sueño.

Mi corazón sintió
profundamente
los sufrimientos
y el dolor de mi pueblo.

Percibí entonces
la hecatombe del mundo "desarrollado",
y me di cuenta
de que al final,
brillarán la justicia y la paz!

Pregunté entonces,
por qué no ví al mismo sol,
sino únicamente
su luz maravillosa
reflejada
en la luna y las estrellas?

Vino la respuesta sorpredentemente clara:
En un gran templo de Estocolmo,
había contemplado al sol de justicia
descansando sobre una inmensa cruz!

Recordé también
que en el año
en que mataron a Rutilio Grande
en Aguilares,
dos domingos
antes de la Pascua de Resurrección,
caminé hasta Santa Lucia Cotzumalguapa
a causa del terror
que se había apoderado de mi.

En la madrugada

bright,
and perfect.

I suddenly awakened
from my dream.

My heart felt deeply
the suffering
and the pain of my people.

Then I perceived
the complete collapse of the "developed" world,
and I realized
that in the end
justice and peace would prevail.

I then questioned
why in my dream I had not seen
the sun itself but only
its wonderful light
reflected
in the moon and the stars.

The answer was surprisingly clear:
In a great temple in Stockholm
I had seen the sun of justice
resting upon an immense cross!

I also recalled
that in the year
in which they killed Rutilio Grande
in Aguilares,[67]
two Sundays
before Easter,
I walked to Santa Lucía Cotzumalguapa[68]
because of the terror
which had gripped me.

Early Monday morning,
as I walked down a street in the village,

del dia lunes,
caminaba por una calle del pueblo,
y vi en el cielo
un inmenso círculo dorado
que brillaba mucho
y que tenia mil diseños
como los cristales de la nieve.

El círculo avanzaba
desde el horizonte
hacia donde yo caminaba.

Cuando me detuve
por el temor,
oí una voz qué decía:
"Habrá un nuevo amanecer"

Venía, yo de amasar
una bolita de masa de maiz
y un pan de trigo.
Los había humedecido con mis lágrimas
y los transformaba entre mis manos
en una sola masa.

Mientras lo hacia,
sollozaba y repetía:
"no soy sólo maíz
no soy sólo trigo . . . "
Una mezcla, una mezcla . . . !
Una sola mezcla!

Cuando volvía,
ví aquella enorme esfera dorada como el sol.
Al escuchar, "habrá un nuevo amanecer"
caminé hacia la casa de los sacerdotes,
en donde estaban
Walter Vordeckers
y sus compañeros.

Con gran sorpresa,

I saw an immense golden circle
shining brightly in the sky.
It had a thousand designs,
like those of snowflakes.

The circle approached
from the horizon
to the place where I was walking.

When fear prevented me
from going further,
I heard a voice that said:
"There will be a new dawn."

I was returning from kneading
a small cornmeal ball
and a loaf of wheat bread.
I had moistened them with my tears
and transformed them in my hands
into a single mass of dough.

As I did this
I sobbed and repeated:
"I am not only corn
I am not only wheat . . . ."
But a mixture, a mixture . . . !
A single mixture!

As I returned,
I saw that enormous golden circle like the sun.
When I heard "there will be a new dawn"
I walked towards the priests' house,
where Walter Vordeckers[69]
and his companions
were staying.

With great surprise
I saw the Temple
and the priests' house
were entirely in ruins!

vi que el Templo
y la casa de los sacerdotes
estaban convertidos en ruinas!

Afligida me preguntaba
cómo era posible
que la casa
en donde me habian acogido
para pasar la noche de mi horror,
se hubiera convertido en escombros!

Nadie respondía a mi llamado.
Entonces escuché
las voces de los profetas:
*"Mira, Señor,
ve nuestro oprobio . . .
nuestra heredad
ha pasado a extraños,
nuestras casas a forasteros. . . .
Huérfanos somos, sin padre;
nuestras madres son como viudas.
Nuestra agua bebemos por dinero;
compramos nuestra leña por precio . . .*
padecemos persecución sobre nosotros . . .
*nos fatigamos y no hay para nosotros reposo. . . .
violaron a las mujeres en Sión,
a las vírgenes en las ciudades de Judá,
a los príncipes colgaron de los testiculos . . .
no respetaron el rostro de los ancianos . . .
los niños desfallecieron bajo el peso de la leña".*

Toda la descripción de Jeremías
en sus lamientaciones
cayó como un torrente sobre
mi corazón.

Vi también el valle de los huesos secos
descrito por Ezequiel.

Y, de pronto,

Sorrowfully I asked myself
how it was possible
that the house
where I had been sheltered
that night of my horror
could have been turned into a wasteland!

No one answered my call.
Then I heard
the voices of the prophets:
"Remember, O Lord, what has befallen us . . .
our inherited lands
have been turned over to strangers,
our homes to foreigners.
We have become orphans, fatherless;
our mothers are widowed.
We must buy the water we drink
and pay for our own wood.
Around our necks is the yoke of those who drive us;
We are worn out, but allowed no rest. . . .
The wives in Zion were ravished by the enemy,
the maidens in the cities of Judah;
princes were crucified by them,
elders shown no respect. . . .
children stagger under their loads of wood."[70]

The whole description by Jeremiah
in his lamentations
fell like a torrent
upon my heart.

I also saw the valley of the dried bones
described by Ezekiel.

Suddenly,
over the church
in shambles,
I saw the white dove coming down
and resting upon the ruins
and I received great consolation.

sobre los escombros
de la Iglesia,
vi descender
una Paloma Blanca
que se posó sobre las ruinas,
y recibí gran consolación.

Esperanza

En lo mas oscuro y sórdido,
en lo mas hostil y áspero,
en lo mas corrupto
y asqueante;
allí obras Tu.
Por eso tu Hijo
bajó a los infiernos,
para transformar lo que NO ES
y para depurar LO QUE CREE SER.
Esto es esperanza!

Hope

In the most obscure and sordid place,
in the most hostile and harshest,
in the most corrupt
and nauseating places,
there You do Your work.
That is why Your Son
descended into hell,
in order to transform what IS NOT
and to purify that which IS BECOMING.
This is hope!

Tejido Típico

Cuando subo a la CASA DE LA VIEJA TEJEDORA,
con admiración contemplo
lo que surge de su mente:
mil diseños en formación
y ni un solo modelo para copiar
el maravilloso tejido
con que vestirá a la
Compañera del Fiel y Verdadero.

Los hombres siempre me piden
que les dé el nombre de la marca,
que les especifique modelos.
Pero la Tejedora no se deja encasillar
por esquemas,
ni patrones.
Todos sus tejidos,
son originales
y no hay modelos repetidos.
Su mente estSa por encima
de toda previsión.
Sus manos hábiles no aceptan
patrones ni moldes.
Saldrá lo que saldrá,
pero la Que Es, lo hará.

Los colores de sus hilos
son firmes:
sangre,
sudor,

Indian Tapestry

When I go up to the HOUSE OF THE OLD WEAVER,
I watch in admiration
at what comes forth from her mind:
a thousand designs being created
and not a single model from which to copy
the marvelous cloth
with which she will dress
the companion of the True and Faithful One.

Men always ask me
to give the name of the label,
to specify the maker of the design.
But the Weaver cannot be pinned down
by designs,
nor patterns.
All of her weavings
are originals,
there are no repeated patterns.
Her mind is beyond
all foresight.
Her able hands do not accept
patterns nor models.
Whatever comes forth, comes forth,
but she who is will make it.

The colors of her threads
are firm:
blood,
sweat,

perseverancia,
lágrimas,
lucha
y esperanza.
Colores que no se borran
con el tiempo.

Los hijos de los hijos
de nuestros hijos,
reconocerán el sello de
la Vieja Tejedora.
Quizá entonces
reciba un nombre.
Pero como modelo,
nunca más podrá ser
repetido.

He visto cada mañana
como sus dedos hábiles
escogen los hilos
uno por uno.
Su telar no hace ruido
y los hombres
no le dan importancia,
y sin embargo,
el diseño
que surge de Su Mente
hora tras hora,
aparecerá en los hilos
de muchos colores
en figuras y símbolos
que ya nadie, nunca más,
podrá borrar
o des-hacer.

perseverance,
tears,
struggle,
and hope.
Colors that do not fade
with time.

The children of the children
of our children
will recognize the seal
of the Old Weaver.
Maybe then
it will receive a name.
But as a model,
it can never again
be repeated.

Each morning I have seen
how her fingers
choose the threads
one by one.
Her loom makes no noise
and men
give it no importance,
None-the-less,
the design
that emerges from Her Mind
hour after hour
will appear in the threads
of many colors,
in figures and symbols
which no one, ever again,
will be able to erase
or un-do.

Cuando Llegue la Hora

Cuando llegue la hora,
cambiarás mi desierto en cascada,
ungirás mi cabeza con aceite fresco
y tu fuerza conquistará mi debilidad.

Conducirás mis pies sobre tus huellas
y caminaré por la senda angosta
que conduce a tu Casa.

Tu me dirás cuándo
y por dónde,
caminaré tu sendero
toda bañada de alegría.
Mientras tanto,
te pido Señor, que animes
en lo íntimo de mi alma,
La Fiesta de la Vida!
La de la Tumba Vacíaj
La de la Cruz Victoriosa!

Que tu voz de Jardinero
abra cada mañana mi oído
con la noticia siempre nueva:
"Vé y dile a mis hermanos
que he vencido la muerte,
que hay lugar para todos
allá donde se forja La Patria Nueva.
Allá,
donde la tierra, el amor y la alegría

When the Hour Comes

When the Hour Comes,
you shall change my desert into a waterfall,
you shall anoint my head with fresh oil
and your strength shall overcome my weakness.

You shall guide my feet into your footsteps
and I will walk the narrow path
that leads to your House.

You shall tell me when
and where
I will walk your path
totally bathed in joy.
In the meantime,
I ask you, Lord, you who awaken
in the most intimate place in my soul
the Feast of Life!
That of the Empty Tomb!
That of the Victorious Cross!

Let your voice mistaken as the Gardener's
awaken my hearing every morning
with news that's always fresh:
"Go and tell my brothers
that I have overcome death,
that there is a place for everyone
there where the New Nation is built.
There,
where neither earth, love or joy

no se compran ni se venden,
donde el vino y la leche
se comparten sin dinero y sin precio,
allá, donde todos mis hermanos pequeñitos,
se sientan como prícipes
en LA MESA DEL PADRE."
Repítemelo fuertemente cada noche,
que has vencido
al que confunde a este mundo.
Dime que no importa
cuan amarga sea la copa de la aflicción
para que cese ya de temblar el corazón;
para que este desierto del frío desarrollo,
no congele la esperanza
de estrechar Tus Manos
junto al Fuego
que crece en la Montaña,
-!Tu pueblo es la Montaña!

Hazte fuerte
dentro de mí,
para que los mil pretextos
con que el corazón
quiere escapar
a lo esencial,
no me hagan olvidar
que en Tu Casa,
siempre hay VINO y PAN
y que Tu Casa, Señor,
es allí en donde
los humildes buscan la Justicia,
la que brillará en la Patria Nueva,
la que ya nos ilumina
con destellos
de Tu Reino!

can be bought or sold,
where wine and milk
are shared without money and without price.
There, where all my little children
sit as princes
at THE TABLE OF MY FATHER."
Keep reminding me loudly every night,
that you have overcome
him who confuses this world.
Tell me it does not matter
how bitter the cup of affliction is
so that the heart can cease trembling;
and this desert of indifferent development
does not impede our hope,
nor prevent us from holding Your Hands
round the Fire
which burns brighter in the Mountain,
Your People are the Mountain!

Be strong
within me,
so that the thousand excuses
with which the heart
seeks to escape
from the essential thing
don't let me forget
that in Your House
there is always WINE and BREAD
and that Your House, Lord,
is where
the humble search for the Justice
that will shine in the New Society
that already provides us
with glimpses
of your Kingdom!

Parábola

Me preguntas compañera
qué, ¿cómo he llegado hasta acá?

Fue muy simple,
primeramente
me despojaron de un brazo.

El que se creyó mas capaz
halaba con más fuerza.
Quería apropiarse
de la corriente misma de la vida
que le daba fuerza
y movimiento.
Así me imponía
su derecho de macho.

Era el mismo brazo
con el que fraternalmente
compartí con él
La Luz y el Pan
cuando tuvo gran necesidad.

Estaba decidido
a vencer
con la ciega obstinación
que todas conocemos.

Los otros,
neutrales,

Parable

You ask me, my sister,
how have I made it this far?

It was really very simple,
to begin with
they removed one of my arms.

The man who thought himself most qualified
pulled the hardest.
He wanted to appropriate for himself
the very life force
which gave my arm strength
and movement.
In this way, he imposed on me
his macho rights.

It was the same arm
with which I had fraternally
shared with him
Light and Bread
when he was once in great need.

He had decided
to overcome me
with that blind obstinacy
all of us women know so well.

While the others,
standing by neutral,

lo observaban
con "serena objetividad"
y dedujeron,
que un brazo de mujer
carecía de importancia.

Por la fuerza,
fue cediendo la articulación
hasta desprender la coyuntura,
mientras los otros,
los neutrales,
lo veín realizar
la multilación hasta el final
y optaban por guardar
silencio solidario de machos.

Sola con Dios,
sequé mis lágrimas . . .
la hemorragia cesó poco a poco,
el dolor duró siglos.

De pronto fue creado
este Nuevo Brazo
fuerte y blando,
como pan recién horneado.

Y, el corazón?
te respondo:

Yo dormía tranquila,
soñaba fraternidad y alegría.
Pero un hielo penetró en todo mi ser
y el dolor me despertó.
En el túnel de la muerte,
viví el horror de los infiernos.

Ellos, los mismos,
me arrancaron el corazón
y cargaron con él como botín
mientras yo soñaba.

watched
with "cold objectivity"
and concluded
that a woman's arm
was of no importance.

From the force exerted
the joint began to give way
until the limb parted from my body,
while the others,
still neutral,
watched until
the mutilation was complete,
choosing to keep
their united male silence.

Alone with God,
I dried my tears.
The hemorraging slowly stopped,
but the pain lasted for centuries.

Suddenly this New Arm
was created
strong and pliable
like freshly baked bread.

And, my heart?
I'll tell you:

As I was sleeping peacefully,
I dreamt of friendship and joy.
But an icy cold penetrated my whole being
and the pain awoke me.
In that tunnel of death
I lived through the horror of hell.

While I was still dreaming
they, the same ones,
ripped out my heart
and took off with it like booty.

Solo dejaron
lo que consideraron inútil.
Se lo llevaron todo,
menos el Espíiritu,
que no fueron capaces de ver.
Por él retoñó la vida,
se abrió un nuevo camino
y se me convirtió la oscuridad
en Luz.

Del escándalo de la Cruz
al asombro jubiloso de la Magdalena,
todo lo he rocorrido.
A veces llorando,
a veces cantando.

Con el corazón de tu pueblo
en el pecho abierto,
he resurgido a la Vida
y por ella al futuro.
Como Tu, Guatemala!

1975, 1977

They left behind
only that which they thought useless.
They took away everything
except the Spirit,
which they were incapable of seeing.
From it life was reborn,
a new path was opened up
and the darkness
became Light for me.

So I have experienced all of it
from the scandal of the Cross
to the joyous surprise of Mary Magdalene.
Sometimes weeping,
sometimes singing.

With the heart of my people
burning in my breast.
I have regained Life,
and with it the Future.
Like you, Guatemala!

1975, 1977

Notes

1 *campesinos: peasants or tenant farmers; more accurately, those who live and work in the countryside.* Most campesinos survive on small plots of land which provide subsistence food for their own families.

2 *Panzós: town in the Alta Verapaz province where a massacre took place on May 29, 1978.* Some 700 Indians marched to petition that their rights to the land be respected. Guatemalan soldiers opened fire on the crowd killing approximately 140.

3 *Ixcán: area in the upper portion of the Huehuetenango province,* where land has become extremely valuable due to rich mineral deposits and where Indian peasants are being disposessed from their lands.

4 *Olapa: town in the province of Chiquimula* where, in September 1978, 25 campesinos were abducted by the ambulatory military police. When their bodies were discovered, relatives were prevented from claiming them, and they were left to the dogs and buzzards.

5 *Rodeo: town in the province of San Marcos.*
    Amatillo: name of several villages in Guatemala.
    Agua Blanca: town in the province of Jutiapa.

6 *San Juan Cotzal, Chajul, Nebaj, Uspantán: towns in the province of Quiché,* in the region which forms part of the area known as the "Northern Transversal," an area rich in minerals such as nickel and petroleum, and where the land is used for cattle grazing.

7 *Pinochet: military dictator of Chile since 1973.*
    Videla: reactionary military leader of Argentina, in power until 1981.

Bordaberry: former reactionary civilian president of Uruguay.
Stroessner: dictator of Paraguay since the 1930s to the present.

8   *Pharoah: Egyptian rulers (1500-1300 BC) who enslaved the Hebrews* who were then led by Moses out of slavery and into the "promised land" in Palestine.

9   *Rutilio Grande: Catholic priest assassinated in 1976 in El Salvador,* close friend of Archbishop Oscar Romero, for supporting peasant organizing.

Hermógenes López: a Spanish priest killed in Guatemala, June 30, 197. He had been critical of the army's forced conscription of Indians, land title frauds, water supply diversions, and a government-sponsored vaccination program which resulted in the sterilization of Indian women.

10   *Mario Mujía: labor lawyer killed on July 20, 1978.* He was legal advisor to the National Confederation of Workers (CNT) in the province of Huehuetenango.

Mario López Larrave: labor lawyer killed on June 8, 1977.

11   *Trilateral economic system: plan for economic integration of Western industrial democracies (U.S., Europe, Japan),* organized in 1973 by David Rockefeller.

12   *"model squads": specially-trained riot squads of military police;* one of the 13 repressive groups used by the wealthy and military to kidnap, torture, rob and kill Indian peasants. These groups include the ambulatory military police, the treasury police, the secret police, the regional and national police forces, "Comando 6" (Sixth Command), the "Pelotón modelo" (Model squad), which use various names, such as, "The White Hand," "Eye for an Eye," "The Secret Anticommunist Army," "Death Squadron."

13   *coyotes: symbolic derrogatory name given to repressive groups of the Guatemalan army and paramilitary groups* by the Guatemalan people.

14   *Chimaltenango: province in Guatemala where repression has escalated* in the past two years.

15   *Northern Transversal Strip: an horizontal strip of land running across the provinces of Huehuetenango, Quiché and Alta Verapaz,* rich in mineral deposits and land now being cultivated for export crops.

16   *Transnational companies: foreign corporations, such as the*

consortium *"Basic Resources-Shenandoah Oil"* which is drilling for oil in Alta Verapaz, and a subsidiary of the International Nickel Company and the Cleveland-based Hanna Mining Company.

"Zone of the Generals": area in the Alta Verapaz province where valuable land has been appropriated by the military and some politicians and wealthy elite. This has resulted in large, untouchable estates owned by General Lucas García, General Rubio Coronado and Otto Spiegler.

17 *Secret Anticommunist Army: repressive paramilitary force* used against Indian peasants and urban citizens suspected of having leftist leanings.

18 *Death Squadron: repressive groups which specialize in "disappearances" of those politically suspect, in routine torture, and public executions.* Staffed and directed by the Guatemalan Army and National Police, death squad agents are often paid by private businessmen.

19 *"Family Fathers"* (Padres de Familia): *a secret organization created by the government to serve as an instrument of repression against teachers.*

20 *"Friends of the Country"* (Amigos del País): *an influential economic pressure organization comprised of US and Guatemalan reactionary businessmen* who currently pay a 10,000 per month retainer fee to Deaver and Hannaford, a Los Angeles-Washington DC public relations firm headed by Michael Deaver who handled the advertisement for the Reagan presidential campaign. Amigos del País is lobbying for the restoration of military aid and training for the Guatemalan military.

21 *Quiché: a province in Guatemala where repression has recently escalated.*

22 *Ixcán: area in the province of Huehuetenango where the confiscation of Indian peasant land is rampant.*

23 *Gaspar Sánchez Toma: syndicate member who was assassinated.*

24 *July 23, 1978: date of the assassination of Mario Mujía.*

25 *January 1971: date of assassination of Congressman Adolfo Mijangos.*

26 The reference here is to Bishop Oscar A. Romero who was assassinated on March 24, 1980.

27 *quetzal: rare and beautiful tropical bird which is the national symbol of Guatemala.* "The bird is said to have lost its voice when the Mayas were defeated by the Spaniards. Others say it never lost its voice but has since refused to sing. The fact is that when the bird is caged it dies." —Eduardo Galeano, *Guatemala: Occupied Country.*

28 *Brown Skinned Child: Jesus of Nazareth.*

29 *Bijolón:* a village in El Quiché.

30 *Salquil Grande:* a village in El Quiché.

31 *boxbol: common Indian food.*

32 *Zeucalbitz: a village in El Quiché.*

33 *jutes: edible snails.*

34 *tortillas: flat, round unleavened bread made from corn meal. comal: earthenware dish used for baking tortillas.*

35 *Trapichito: name of several villages in Guatemala.*

36 *Parramós: town in the province of Chimaltenango* where repression has been violent against the Cakchiquel indians.

37 *gorillas: derogatory term for the repressive military leaders or death squad members* who brutalize and kill unarmed citizens.

38 *martyrs of '75: year in which the massacres of Quiché and Ixil indians in Chajul, Cotzal, Uspantán and other places took on genocidal proportions.*

39 *Chepe: symbolic name for all Indian males.*

40 *El Boquerón: volcano near which bodies are dumped* after torture and death by the repressive government forces.

41 *Momostenango: town in the Totonicapan province.*

42 *Great Grandmother* (Gran Abuela)*: Mother Earth.*

43 *Rabinál: town in the province of Baja Veracruz where massacre took place.*

44 *Killings since 1954: year in which the government of President Jacobo Arbenz was overthrown by a CIA-backed mercenary army coup* which initiated the unrelenting and ever-mounting repression by the military regimes in continuous power since then.

45 *Sara Cabrera: member of the labor union CNT who was detained on June 21, 1980* when she was expecting her first baby.

46 *Patrocinio Menchú: Quiché peasant evangelist killed in the massacre at the Spanish Embassy on January 1, 1980.*

47 *Alvarez Ruíz: Minister of the Interior.*
Colonel Chupina Barahona: National Chief of Police.

48 *fourth command post: army command in Ward 11 in Guate-mala City* which is frequently under siege by opposition groups.

49 *Gaspar Culán: director and broadcaster for Radio "Voz de Atitlán,"* captured on October 23, 1980.

50 *Felipe García: laborer and trade unionist who was assassinated.*

51 *Fuentes Mohr: congressman, head of the Social Democratic Party who was murdered by the government on January 25, 1980.*

52 *Alaíde Foppa: feminist and human rights activist kidnapped by the Intelligence Service of the Guatemalan Army on December 19, 1980.*

53 *Florencia Xocop: secretary of the National Confederation of Workers* who was arrested in April, 1979 and later released after an interrogation on the activities of the CNT and other trade unions.

54 *Zacchaeus: rich publicàn who entertained Jesus in his home* (New Testament).

55 *Romero Lucas García: president of Guatemala, ruthless mili-tary leader who came to power in 1978.*

56 *Ancient of Days: scriptural title for God* (Revelation).

57 *Mammon: personification of the evils of wealth, greed and miserliness.*

58 *Kekchís: Indian ethnic group in the province of Alta Veracruz.*

59 *Guaranís: largest Indian ethnic group in Paraguay.*

60 *Trans-Amazonic Strip: large tract of and folowing the trans-Amazonic highway through northern Brazil.*

61 *Great Mountain: Rocky Mountains.*

62 *Domitila Chungara: Bolivian miner's wife,* author of a book on their struggles.

63 *Massacre at the Spanish Embassy: by the police force of the Sixth Command after Indian peasants from El Quiché province had peacefully occupied the Embassy on January 31, 1980.* The unprovoked attack resulted in the deaths of all the Indians, and Spanish and Guatemalan nationals.

64 *Sumpul massacre: the murder of 600 unarmed women, chil-dren and old people at the Sumpul River in El Salvador by*

the Salvadoran National Guard on May 14, 1980. The massacre was planned and coordinated by military leaders of the armies of Guatemala, El Salvador and Honduras.

65 *Hallstahamar:* refugee camp in Sweden two hours outside Stockholm.

66 *new capitalist leader: Ronald Reagan.*

67 *Aguilares: small town in El Salvador where Padre Rutilio Grande was assassinated.*

68 *Santa Lucía Cotzumalguapa: town in the province of Escuintla.*

69 *Walter Vordeckers: a Belgium priest of the Order f the Immacculate Heart of Mary who was killed on May 13, 1980 near his church.*

70 This passage is an excerpt from the fifth *Lamentation* of Jeremiah (Old Testament).

Threatened With Resurrection is sponsored by the Global Women's Project and is published in conjunction with The Brethren Press. The Global Women's Project grew out of the inspiration and challenge of the Gathering of Church of the Brethren Women, held at Manchester College, North Manchester, Indiana, July 1978. Moved by a message entitled, "Giving Birth to a New World," by Ruthann Knechel Johansen, the conference participants voted to create the project and urge its implementation by the General Board of the Church of the Brethren as denominational program.

A design committee was formed consisting of three Gathering participants and three General Board staff persons. The subsequent resolution drafted by the committee was presented to the General Board in October 1978 and approved with enthusiasm.

Among the goals and objectives outlined in the resolution were:

—To sensitize the Church of the Brethren to the poverty, oppression and injustice that are imposed upon many women;

—To promote programs to reduce consumption and change lifestyles;

—To invite participation in a self-imposed luxury tax;

—To support at least two projects engaged in the fulfillment and empowerment of our global sisters.

Previous projects of the Global Women's Project include a $30,000 grant to the Miriu Health Center in Kenya and $2,500 to the Third World Women's Project of the Institute for Policy Studies to foster dialogue and understanding between women of developing nations and US foreign policymakers.

For more information about the Global Women's Project write to Global Women's Project, Church of the Brethren General Board, 1451 Dundee Ave., Elgin, IL 60120.